Autorenkollektiv *freitags*

Ver sch wun den

Eine Anthologie

Inhaltsverzeichnis

Vorwort

Gemeinsamkeit:
Schreibe eine Geschichte zum Thema „Verschwunden"!

Unterschiede:
Weg – Entfernt – Verloren – Verstorben – Geflohen – Verwischt –
Woanders – Nicht zu finden – Abgehauen – Verlegt – Erloschen –
Hinüber

Ergebnis:
Vielfältige Geschichten – tragisch – romantisch – spannend – auf-
regend – traurig – rührselig – gruselig – apokalyptisch – nüchtern –
schön

Und: Das Schreiben hat sehr viel Spaß gemacht!

Das Autor*innenkollektiv *freitags* wünscht viel Spaß und Freude
beim Lesen der Geschichten.

Frauke Witte

Schwund

Da bricht mir der Boden weg
und ich schau in den Abgrund.
Jammern hat wenig Zweck,
nichts tun ist ungesund.

Mir wird es am Nordpol eng,
kein Ort mehr zum Jagen.
Drum sprech ich zu dir gestreng,
mir knurrt schon der Magen.

Halt ein und überdenk dein Tun.
Womöglich findest du es nicht nett,
ich siedele morgen zu dir um
und es liegt ein Eisbär in deinem Bett.

Jan-Egil Gubenis

Auf der Flucht

22:00 Uhr. Sven liegt im Bett und horcht. Auf dem Flur knarrt, knirscht und poltert es. Sein Vater, der Tyrann, geht zum letzten Mal an diesem Tag aufs Klo, wie jeden Abend um diese Zeit. Sven könnte die Uhr danach stellen. Der Alarm, denkt Sven und drückt ein paar Knöpfe am Radiowecker, damit der Kasten morgen früh stumm bleibt.

22:05 Uhr. Auf dem Flur knarrt und knirscht es wieder. Dieses Mal kein Poltern. Die Mutter. Mit ihr hat Sven nicht gerechnet. Was will sie so spät? Sven hört den Lichtschalter in der Küche klicken und die Tür zufallen. Was zum..., ja, natürlich. Sie backt. Sie backt Svens Geburtstagskuchen. Daran hatte er nicht gedacht. Zitronenkuchen. Er lächelt. Immer wieder ist er den Ablauf dieses Abends im Kopf durchgegangen. Dass die Mutter um 22:05 Uhr in der Küche zu backen anfängt, kam dabei nicht vor. Er stellt sich vor, wie sie Teig rührt und keine Ahnung hat, von dem, was Sven vorhat. Wie lange kann das Backen dauern? Eine Stunde? Vor 23:30 Uhr will er sowieso nicht aktiv werden. Bis dahin heißt es bloß: wach bleiben. Das ist kein Problem. Er ist eh zu aufgeregt, um einzuschlafen.

In Gedanken geht Sven alles noch einmal durch. Die große Sporttasche. So viele Klamotten wie reinpassen, die Sportsachen und die wichtigsten Schulsachen. Und den Ausbildungsvertrag, den er mit dem Datum von morgen unterschrieben hat. Portemonnaie, Walkman, ein paar Kassetten. Alles andere wird er an einem der nächsten Wochenenden abholen. Wenn der Alte keine Schwierigkeiten macht. Und der Brief, denkt Sven. Der Brief, in dem er seine Eltern darum bittet, ihm jeden Monat sein Kindergeld zu überweisen. Sven findet, das stehe ihm zu. Er schiebt den Brief in die kleine Seitentasche der Sporttasche. Er wird ihn auf den Küchentisch legen.

Auf den Küchentisch, von dem er seinen Geburtstagskuchen nehmen wird. Eigentlich kann er den Kuchen im Gepäck nicht brauchen, aber er will das Herz seiner Mutter nicht zweimal brechen. Also Kuchen in die Tasche und dann zur Haustür raus, zur Bushaltestelle, und dann hängt es von David ab. An der Busse wird David stehen – mit seinem Auto. Sven ist sich sicher.

Jetzt ist der Plan endgültig, denkt er. Jetzt ist er besiegelt. Der Plan, wie er vorher war plus Geburtstagskuchen.

23:55 Uhr. Alles, was Sven jetzt tut, tut er hier zum letzten Mal. Er drückt die Klinke herunter und geht durch den Türrahmen. Die Tasche ist schwerer, als er gedacht hat, aber das Adrenalin hilft. Schweißperlen sammeln sich an seinen Schläfen. Schwitzen kam nicht vor in seiner Planung. Er schleicht in die Küche, setzt die Tasche ab, zieht ihren Reißverschluss auf. Er wickelt den Kuchen mit der 18 aus Zuckerguss in eines seiner T-Shirts. Das Quietschen von Küchenschränken und das Wühlen nach Plastiktüten kann er jetzt nicht gebrauchen. Den Umschlag, auf dem sein Name steht, steckt er ungeöffnet ein und ersetzt ihn mit dem von ihm selbst verfassten Brief.

23:57 Uhr. Sven geht durch den Flur zur Garderobe, schlüpft in seine Turnschuhe und greift seine Jacke. Er – der Ausbrecher – fühlt sich wie ein Einbrecher, wie ein Verbrecher. Was er vorhat, verstößt noch drei Minuten lang gegen das Gesetz.

23:59 Uhr. Sven drückt den Knopf oben links an seiner Digitaluhr, der die Beleuchtung des Displays steuert. Er sieht zu, wie die Sekunden schleichen.

23:59:15 Uhr. Alles soll korrekt laufen. Nach Recht und Gesetz. So viel Zeit muss sein, denkt Sven. Er nimmt seinen Schlüssel vom Schlüsselbrett.

23:59:58 Uhr. Sven öffnet die Haustür, geht hindurch, und als er sie schließt, ist er ein freier Mann. Er trägt seine Sporttasche die langgezogene Steintreppe hinunter in Richtung Gartentor, öffnet es langsam und schließt es hinter sich. Er drückt den Schlüssel in den

Briefkastenschlitz, blickt zurück zum Fenster seines Zimmers und zuckt zusammen. Neben der aufgezogenen Gardine steht jemand in einem weißen Gewand. Das kann nicht – er schließt die Augen, sieht wieder hin und sieht das gleiche Bild. Dass er sieht, wie seine Mutter ihm zusieht, kam in seinem Plan nicht vor. Das kann nicht sein. Sven ächzt unter dem Gewicht der Tasche. Sein Herzschlag lässt nach, die Muskeln versteifen. Halluziniert er? Spielt ihm das Adrenalin einen Streich? Diese Momente, in denen man Traum und Wirklichkeit nicht voneinander unterscheiden kann, das ist so einer. Das Bild seiner Mutter hebt den Arm und winkt ihm zu. Es ist nicht die Art von Winken, mit der man jemanden zur Rückkehr bewegen will, es ist das Winken, mit dem man jemanden verabschiedet. Seine Mutter, denkt Sven, gibt ihm ihren Segen.

00:05 Uhr. Sven biegt auf die Hauptstraße ein, schaut in Richtung Bushaltestelle, sieht das Auto und sieht Davids Silhouette im Licht der Straßenlaterne eine Zigarette rauchen.

Als er näherkommt, dreht sich David zu ihm um.

„Alles klar, Kleiner?"

„Alles klar." Sven stellt die Tasche ab.

„Hat alles gepasst?", fragt David.

„Das kann man so sagen."

Sie umarmen einander kurz, klopfen sich gegenseitig auf den Rücken.

„Herzlichen Glückwunsch!"

„Danke."

„Zu deinem neuen Leben."

David öffnet den Kofferraum, greift Svens Tasche, wuchtet sie hinein und greift die Heckklappe.

„Warte kurz", bittet Sven, greift in die Seitentasche, nimmt den Briefumschlag heraus und öffnet ihn. Er zieht eine Glückwunschkarte mit vier Hundertmarkscheinen heraus. So viel Geld auf einmal hat er noch nie zuvor in der Hand gehabt.

„Sven, Alter, das wäre echt nicht nötig gewesen", sagt David.

Sven grinst und sagt: „Verpiss dich!"

„Was heißt hier: Verpiss dich? Ich riskiere für dich eine Menge. Als Fahrer hänge ich mit drin."

„Einen Scheiß riskierst du. Du fährst einfach einen Volljährigen, der vor kurzem von zu Hause ausgezogen ist, spät nachts in seine WG."
David lacht. „Jaja, mach dich locker. War doch nur 'n Spruch. Genieß es. Carpe diem und so weiter. Carpe den ganzen Rest deines Lebens. Was steht in der Karte?"

Sven liest laut. „Ich werde an dich denken, wohin du auch gehst. Das Geld kannst du dort sicher gebrauchen. Blablabla. Wenn du mehr willst, dann melde dich bei mir, wenn Papa nicht da ist. Blablabla. Bleib wie du bist. Blabla. Du wirst immer in meinem Herzen sein. Mama."

„Krass", sagt David, „vor Müttern kannst du nichts geheim halten. Mütter spüren sowas. Das ist drin in denen."

Frauke Witte

Verschwunden am Meer

Verschwunden am Meer
Strandleer
Still

Watt weiter schreiten
Weil ich
Will

Ruck Kehrtwende
Scheißkalt
Im April

Magnus Wenning

Brügge

Musst du wirklich morgen Mittag schon los?", fragte meine Frau.

„Ja, tut mir leid. Das Meeting beginnt gleich Montagmorgen in Brügge, und vorher wollen wir alles noch besprechen."

„Und ich hatte gehofft, wir hätten mal ein Wochenende nur für uns. Ich habe extra für Sonntag Steak gekauft."

„Ich kann es nicht ändern, wäre auch lieber hier. Kannst du die Steaks nicht heute machen?"

„Aber für heute habe ich doch schon Muschelsuppe gekocht."

Ich zuckte mit den Schultern und drehte mich um. Das ganze Gespräch war mir zu kompliziert geworden. Ich nahm meine Jacke vom Haken und zog sie über.

„Wo willst du denn jetzt hin?"

Ich überlegte kurz, hatte aber keine Lust auf weitere Lügen.

„Ich muss noch was erledigen."

Dann war ich zur Wohnungstür hinaus und stand im Aufzug. Das alte Ding ruckelte und ächzte, als wollte es jeden Moment seine Dienste aufgeben, spuckte mich schließlich im Erdgeschoss aus. Vor der Tür schaute ich mich um, es war niemand da. Ich zündete mir eine Zigarette an und ging zum Auto. In der letzten Zeit nervte meine Frau mit ihrer Fragerei.

Ich fuhr zum Baumarkt und kaufte Schrumpffolie und Klebeband. Der Boss hatte wieder einmal eine extravagante Idee: dieses Mal wollte er die Leiche haben. Wollte er sichergehen, dass der Typ wirklich tot war?

Vom Baumarkt aus fuhr ich zum Bistro Rossini. Ich setzte mich an die Theke und bestellte bei Silvio einen Espresso. Silvio brachte mir nicht nur den Kaffee, sondern auch einen dicken, braunen Umschlag. Ich steckte ihn weg, ohne ihn zu öffnen. Ich brauchte nicht nachzuschauen, er enthielt zweitausend Euro, einige Fotos und eine Glock 17.

Ich leerte den Espresso, verließ das Lokal und fuhr zu unserem Wohnblock zurück. Meine Frau erwartete mich schon an der Tür. Sie hatte den Kittel, den sie zum Kochen trug, abgelegt und trug nun einen kurzen, schwarzen Rock und hohe Schuhe. Warum war sie so chic? Was war hier im Gange?

„Da bist du ja, Schatz. Das Essen ist schon fertig, Liebling."

Ich musterte sie. Sie nahm meine Hand und führte mich ins Wohnzimmer. Ein großer Kerzenleuchter schmückte unseren Esstisch. Sie hatte das kostbare Porzellan ihrer Großmutter hervorgeholt und das silberne Besteck. Ich nahm Platz, während sie mir aus einer großen Terrine Muschelsuppe auftat.

„Weißt du, was morgen ist?", fragte sie beiläufig. Meine Nackenhaare richteten sich auf. Sie beantwortete ihre Frage selbst: „Morgen vor zwei Jahren hast du mich zum ersten Mal geküsst."

„Und ich würde es gerne wieder tun", sagte ich und hielt ihrem Blick stand.

„Morten", ihre Stimme war nur ein Flüstern, „ich liebe dich. Ich will dich nicht verlieren."

„Und ich liebe dich", ich nahm einen Löffel von der Suppe, „und jetzt will ich 'nen Steak. Von Suppe werde ich nicht satt."

Sie lächelte mir zu: „Sollst du haben, mein Bulle."

Ich zuckte kurz zusammen und musste unwillkürlich husten. Meine Frau war bereits auf dem Weg in die Küche.

„Wenn du morgen nach Brügge fährst", hörte ich sie von dort, „könntest du Kirsten mitnehmen. Ihr Studium fängt nächste Woche in Brügge an. Dann kann sie sich das Geld für den Zug sparen."

„Welche Kirsten?", fragte ich misstrauisch.

„Deine Nichte – die Tochter meines Ex-Mannes, du Dussel."

Die Beziehung meiner Frau zu den Kindern ihres Ex-Mannes aus seiner ersten Ehe blieb mir auf ewig ein Rätsel. Ich fand die ganze Konstellation ein überzeugendes Argument dafür, dass nur der Tod eine Ehe scheiden konnte.

„Ich halte das für keine gute Idee", sagte ich.

„Aber es ist schon alles besprochen. Ich habe ihr gerade gesagt, sie soll morgen Vormittag zu uns kommen. Dann kannst du noch rechtzeitig losfahren."

„Ihr hättet mich ja vorher mal fragen können", rief ich zurück. Und fügte, als keine Antwort kam, hinzu: „Sie kann nicht mitkommen."

„Was soll denn das? Du kennst sie doch gar nicht richtig. Du kannst meiner Familie doch auch mal einen Gefallen tun."

„Ich tue dir sehr gerne einen Gefallen, aber nicht diesen."

Meine Frau war aus der Küche gekommen und stand jetzt direkt vor mir. Sie hielt die Fleischgabel bedrohlich in der Hand.

„Und warum willst du mir diesen Gefallen nicht tun?"

Ich setzte zu einer Antwort an, doch alles, was mir einfiel, war verräterisch.

„Vergiss es, ist schon in Ordnung, ich nehme sie mit, kein Problem!"

Kirsten klingelte am nächsten Tag pünktlich um elf Uhr an unserer Wohnungstür. Sie war Anfang zwanzig, eigentlich so hübsch wie meine Frau, die sie als ihre Tante bezeichnete. Leider verbarg Kirsten ihre Schönheit unter einem braunen Parka, einer schlabberigen Hose und schweren Wanderschuhen. Auf dem Rücken trug sie einen riesigen, uralten Rucksack mit Tragegestell. Die beiden Frauen umarmten und herzten sich, als wären sie Geschwister, die sich nach Jahren wiedergefunden hätten. Fröhlich fiel sie auch mir um den Hals. „Hallo, Onkel Morten – danke, dass du mich mitnimmst. Echt klasse."

Ich atmete tief durch: „Möchtest du 'n Kaffee?"

Sie nickte: „Oui, oncle Morten. Ich muss schon mal die Sprache üben." Ich schaute sie an, überlegte, ob ich sagen sollte, dass

Brügge in Flandern lag, wandte mich dann aber zu meiner Frau: „Mach uns bitte einen Kaffee."

Ich ging ins Schlafzimmer. Während die Frauen fröhlich in der Küche plauderten, holte ich meine Reisetasche und warf lustlos einige Kleidungsstücke und den braunen Umschlag hinein.

Dann nahm ich Tasche und Autoschlüssel und blieb an der Tür zur Küche stehen, schüttete den Espresso, der dort für mich stand, herunter und räusperte mich tief. Kirsten schoss hoch.

„Du willst fahren?"

Ich nickte. Meine Frau legte ihr beruhigend die Hand auf die Schulter. Kirsten schnappte sich ihren Rucksack. Ich gab meiner Frau einen Kuss auf die Wange, dann waren wir auch schon im Aufzug und auf dem Weg nach draußen.

Kirsten stutzte, als sie mein Auto, einen stahlblauen BMW X5, sah. „Was für eine Protzerkarre", entfuhr es ihr.

„Wenn du willst, kannst du auch zu Fuß gehen", wies ich sie zurecht. Ich hielt viel davon, gleich die Fronten zu klären. Sie schüttelte schnell den Kopf und verstaute ihren Rucksack auf der Rückbank.

Etliche Autobahnkreuze später fuhren wir über die A 40 auf die Grenze zu. Die Sonne schien und die Autobahn war frei. Da ich die Klimaanlage ausgeschaltet hatte, war es recht warm im Auto. Ich hatte Rossinis „La gazza ladra" eingelegt und war ganz in die großartige Aufnahme aus der Mailänder Oper versunken. Aus den Augenwinkeln sah ich, dass Kirsten Ohrstecker einsetzte und an ihrem iPod herumfummelte. Ich drehte lauter auf.

Eine knappe Viertelstunde später gab sie entnervt auf. Sie zog die Stöpsel heraus und drehte die Musik leiser.

„Onkel Morten – können wir mal Rast machen?"

„Jetzt schon?" Ich gab mich hart.

„Ich muss mal."

Also steuerte ich den nächsten Rasthof an und tankte.

Kirsten verschwand mit ihrem Rucksack im Gebäude. Ich zahlte und wartete im Auto. Sie hatte die Gelegenheit genutzt sich umzuziehen. Statt Parka, Schlabberhose und Wanderschuhen trug sie nun ein enges T-Shirt, einen Minirock und Sandalen. Sie hielt mir ein großes Eis hin.

„Da, für dich", sagte sie.

‚Scheiße', schoss es mir durch den Kopf, als ich diese Mischung zwischen mädchenhafter Unschuld und fraulicher Verführung vor mir sah. Ich schloss die Augen und versuchte mir das Gesicht meines Bosses vor Augen zu rufen. ‚Lass dich nicht ablenken.' Ich öffnete wieder die Augen.

„Magst du Eis, Morten?"

Ich nickte. „Lass uns weiterfahren."

Ich musste sie irgendwie loswerden.

„Du studierst also Jura in Brügge?", fragte ich, um ein Gespräch zu beginnen

Sie nickte.

„Freust du dich schon?"

Erneutes Nicken.

‚Tolles Gespräch', schoss es mir durch den Kopf. ‚Ich muss Fragen stellen, bei denen man nicht nur zu nicken braucht.'

„Warum denn ausgerechnet Jura?", fragte ich.

„Weil ich finde, dass es zu viel Unrecht in der Welt gibt. Ich möchte gerne Staatsanwältin werden. Im Bereich Wirtschaftskriminalität oder organisiertes Verbrechen, das fände ich spannend."

Nun war ich dran mit Nicken.

Wir schwiegen eine ganze Zeit. Vor uns tauchte ein Schild auf: „Grenze – Zoll – Douane – 5 km"

Kirsten sagte stockend: „Morten – kannst du ein Geheimnis für dich behalten?"

Ich dachte: ‚Wenn ich überhaupt etwas kann, dann das, mein kleiner Engel.'

Doch ich tat so, als würde ich kurz überlegen und sagte dann: „Ja!"

„Ich will wirklich später einmal Staatsanwältin werden, aber ich habe gar keinen Studienplatz am Collège d'Europe. Ich weiß gar nicht, ob man da Jura studieren kann."

Ich war verdutzt.

„Ich habe das nur erzählt, damit Papa mich weglässt. Ich will einfach mal raus – unter andere Leute kommen, verstehst du? Etwas sehen von der Welt. Als Marina erzählte, dass du nach Brügge fährst, da dachte ich, da will ich auch mal hin."

Ich schaute auf die Uhr.

„Du bist nicht dumm. Du weißt, dass es für mich jetzt zu spät ist, dich nach Hause zurück zu bringen."

Sie grinste, dann wurde sie wieder ernst.

„Bitte verpfeife mich nicht. Ist ja nur für eine Woche, dann fahr ich mit dem Zug zurück und erzähle alles zu Hause."

„Kannst du auch ein Geheimnis für dich behalten?"

Sie schien irritiert zu sein.

„Ja", sagte sie gedehnt.

„Weißt du, ich muss gar nicht nach Brügge. Sondern nach Haaltert in der Nähe von Aalst. Das beschissenste Kuhkaff von ganz Belgien. Ein ganz schlechter Ort, um unter Leute zu kommen."

„Warum hast du dann gesagt, du fährst nach Brügge?"

Ich zuckte mit den Schultern.

„Nur so, klingt doch cooler."

Das schien ihr plausibel.

„Pass auf, du kannst mich einfach an einem Rasthof hinter der Grenze absetzen. Ich schlag mich dann allein weiter durch, okay?"

Ich musterte sie, sagte aber nichts weiter.

Wir passierten die Grenze. Ein leichter Regen setzte ein, der stärker und stärker wurde. Einige Kilometer hinter der Grenze hielt ich auf einem kleinen, menschenleeren Parkplatz an.

Kirsten schaute sich verwirrt um.

„Ich sollte dich doch absetzen."

„Ach ja", sie schien verunsichert, „danke fürs Mitnehmen."

Langsam öffnet sie die Tür, stieg aus. Noch bevor sie die Hintertür öffnete und ihren Rucksack von der Rückbank nahm, hatte der Regen sie durchweicht. Sie schlug die Türen zu. Ich trat aufs Gas, der Wagen schoss davon. Im Rückspiegel sah ich, wie sie die Hände in die Luft warf. Ich fuhr bis zur Autobahnauffahrt, dann bremste ich scharf, legte den Rückwärtsgang ein und fuhr zurück. Abrupt blieb ich vor ihr stehen.

Sie öffnet die Beifahrertür und krabbelte vollkommen durchnässt ins Auto.

„Morten, du bist echt unverantwortlich. Du kannst mich doch nicht an so einem Ort aussetzen."

Ich musterte sie und sah, wie ihr das Wasser aus den Haaren über das Gesicht lief und ihre Kleidung an ihrem Körper festklebte.

Ich lachte, sagte aber nichts.

Wir fuhren weiter. Es nützte nichts, ich musste sie irgendwie ablenken.

Um zwanzig Uhr erreichten wir Haaltert. Ich würde mein Opfer, meinen Kunden, wie der Boss zu sagen pflegte, im Gasthaus „Hof Ten Bruul" treffen. Ich hatte ein Foto von ihm, an dem ich ihn erkennen sollte. Wann er heute Abend das „Hof Ten Bruul" verlassen würde, wusste ich nicht. Ich musste diesen Laden also ziemlich rasch finden und überwachen.

Ich folgte einem windschiefen Schild auf dem „Haaltert-Centrum" stand. Das Zentrum schien aus einigen Spielotheken, Sonnenstudios und indonesischen Imbissbuden zu bestehen. Da die Sonnenstudios schon geschlossen hatten, hielt ich vor einem Laden mit dem Namen „Las Vegas Luck". Ich holte hundert Euro aus meiner Jacke und gab sie Kirsten.

„Pass auf! Du setzt dich jetzt in diesen Laden und wartest dort, bis ich dich abhole. Egal wie spät es wird, du wartest hier, bis ich wiederkomme. Hast du mich verstanden?" Sie schaute mich ziemlich entrüstet an, traute sich aber nicht zu widersprechen.

„Ach ja, zieh lieber die anderen Sachen an", ich zeigte auf Parka

und Cordhose, „Ist, glaub' ich, besser in dieser Gegend."
Sie ignorierte meinen Rat, nahm die hundert Euro und sprang aus dem Auto.
„Morten", sagte sie, „versprich, dass du mich abholst."
„Ich werde dich hier abholen, mein Engel", sagte ich, „und nun los."

Sie schloss die Tür und lief durch den Regen, der inzwischen etwas nachgelassen hatte.
Ich wartete, bis sich die Tür hinter ihr geschlossen hatte. Dann zog ich den Stadtplan hervor. Der Hof Ten Bruul lag ein wenig außerhalb von Haaltert, trotzdem brauchte ich nur eine Viertelstunde, um ihn zu erreichen. Ich stellte mich auf den Parkplatz, sodass ich die Eingangstür gut im Blick behalten konnte, und stellte den Motor und das Licht aus.
War mein Kunde wirklich da? War er allein oder in Begleitung? Es nutzte nichts, ich musste rein.
Ich nahm nochmal das Foto zur Hand und versuchte mir die Einzelheiten seines Gesichtes einzuprägen. Dann steckte ich es in den Umschlag zurück.
Ich zog meinen Mantel an und lief zum Eingang des Restaurants. Ich öffnete die Tür, dahinter herrschte eine warme, von Essensdunst und bierseliger Gemütlichkeit durchtränkte Luft. Als würde ich einen Bekannten suchen, schaute ich mich im Lokal um. Ohne dass mein Blick an ihm haften blieb, erkannt ich ihn. Er saß an einem Tisch neben dem Kamin, Mitte fünfzig, schwergewichtig mit einer Mischung aus Narben und Stoppeln im Gesicht. Ihm gegenüber saß ein schlanker Mann in einem eleganten Anzug, womöglich sein Anwalt, der mir den Rücken zudrehte. Ich setzte mich an die Theke, hängte meinen Mantel an den Tresen und bestellte ein Bier, das ich gleich bezahlte. Dem Wirt warf ich ungefragt eine Bemerkung über einen Freund hin, auf den ich warten wollte. Er brachte mir das Bier, ohne zuzuhören. Soweit ich das erkennen konnte, bekamen die

beiden Herren gerade erst ihr Hauptgericht. Es blieb also noch etwas Zeit. Ich leerte das Bier, nahm den Mantel und ging zur Toilette. Dort schaute ich mich um, ob es noch weitere Ausgänge gab. Nach einer Tür mit der Aufschrift „Privat" folgte der Zugang zur Küche und daneben führte eine Tür nach draußen. Ich trat ins Freie. Ich befand mich auf einem kleinen Hinterhof, auf dem sich Leergut und Gemüsekisten stapelten. Der einzige Weg aus dem Hinterhof führte über eine schmale Zufahrt um das Haus herum wieder zum Parkplatz. Es gab noch eine dritte Tür, eigentlich ein bodentiefes Fenster, dass sich auf die Terrasse öffnete. Ich musste hoffen, dass mein Kunde ahnungslos war und den üblichen Weg wählte. Ich ging zu meinem Auto, setzte mich auf den Fahrersitz und beobachte den Eingang. Jetzt hieß es warten, wie lange der Fettsack essen würde.

Nach und nach verließen die Gäste das Restaurant, nur mein Kunde schien den Hals nicht voll zu bekommen. Es war etwa dreiundzwanzig Uhr, als er und sein Begleiter in der Tür erschienen. Im Licht der Lampe über dem Eingang erkannte ich das Gesicht des Begleiters. Er war noch sehr jung, maximal zwanzig Jahre alt, vielleicht doch eher sein Lover als sein Anwalt. Der Fettsack blieb auf der Treppenstufe stehen, während der Junge sich Richtung Parkplatz aufmachte. Ich öffnete vorsichtig meine Wagentür und lief geduckt zwischen den Autos, dabei zog ich die Glock aus dem Umschlag und schraubte den Schalldämpfer auf.

Ich folgte zuerst dem Lover in die Dunkelheit. Vor einem grünen Jaguar blieb er stehen und öffnete die Fahrertür. Ich stand etwa drei Schritte hinter ihm, zielte auf seinen Hinterkopf und drückte ab. Mit einem erstaunten Aufruf fiel er nach vorne.

Vom Restaurant aus hörte ich die Stimme meines Kunden: „Frank, Frank, ist was?" Ich schlich ihm entgegen.

Die Dunkelheit des Parkplatzes verunsicherte ihn. Er drehte sich um, wollte zum Restaurant, doch er kam nur zwei Schritte weit. Dann beförderte ihn die Glock 17 ebenso rasch aus dem Leben wie seinen Lover. Ich ließ den Dicken zunächst liegen, nahm die Leiche des Lovers und warf sie in den Kofferraum des Jaguars. Dann schloss ich das Auto ab. Ich hoffte, es würde lange dauern, bevor ein abgestelltes Auto auffiel. Der Dicke war ein größeres Problem. Ich fuhr mit dem X5 bis unmittelbar neben die Stelle, wo ich ihn erschossen hatte, holte die Schrumpffolie aus dem Kofferraum und wickelte seinen Körper samt Kleidung darin ein. Inzwischen war ich vom Regen durchnässt.

Dann hievte ich den Körper mühsam in den Kofferraum des X5 und schloss die Klappe. Ich stellte das Auto wieder auf den Parkplatz und wartete einen Moment, kontrollierte noch einmal, ob mein Kunde wirklich dicht verpackt war, nahm wieder am Steuer Platz, atmete entspannt durch. Es war perfekt gelaufen.

Ich fuhr zurück zum Las Vegas Luck, parkte direkt vor dem Spielcasino und betrat den Schuppen. Drinnen empfingen mich grelle Lichter, Blinken, Piepen, mechanische Melodien, Farben.

Nahe dem Eingang gab es eine Theke, hinter der eine Frau mit aufgedonnerter Haarsprayfrisur ihre Nägel feilte. Der Rest des Raumes war mit Automaten bestückt, gut dreißig, vierzig Stück, doch nur an einigen spielte jemand. Ich brauchte, nicht lange, um zu erkennen, dass die kurzrasierten Typen nicht Kirsten waren.

„Ich suche meine Nichte, Anfang zwanzig."

Die Frau unterbrach ihr Feilen.

„Nichte?" fragte sie mit starkem, flämischem Akzent.

„Ja, die Tochter meiner Frau, ein Mädchen."

Die Frau nickte wissend.

„Vorhin war ein Mädchen hier, hat eine halbe Stunde hier gesessen und nicht gespielt. Dann ist sie wieder abgehauen."

„Und wohin?"

Die Frau deutet mit einem Kopfnicken auf die Tür.

Ich versuchte einen möglichst verzweifelten Blick. Das fiel mir leicht.

„Womöglich zum D'Orangeria. Dort treffen sich alle jungen Leute."

Ich hielt es für unwahrscheinlich, dass Kirsten hier irgendwelche Klubs kannte, aber es war der einzige Anhaltspunkt.

„Wo ist das?"

„Ganz am Ende der Straße, auf der linken Seite. Kannst du nicht verfehlen."

Das D'Orangeria war anhand seiner rosa Neonschrift leicht zu finden. Es war eine Art Kneipe mit Tanzfläche. Der Türsteher musterte mich kritisch, ließ mich aber rein. Im Inneren herrschte ein schummeriges, rötliches Dunkel, in dem sich der Geruch nach Schweiß, Trockeneis und Gras unangenehm mischte. Ich ertastete mir den Weg zur Theke, bestellte einen Wodka und versuchte über das ohrenbetäubende Gewummer hinweg den Wirt zu befragen. Er schien allerdings nur das Wort „Mädchen" verstanden zu haben, denn er machte eine vieldeutige Geste Richtung Tanzfläche. Ich kippte den Wodka, bewaffnete mich mit einer Bierflasche und begann das Dickicht des Ladens zu durchkämmen. In einer Ecke fand ich Kirsten, mit einem Joint in der Hand, eng an einen Kerl in Jeansjacke gepresst. Ich hielt mich nicht lange mit Fragen auf, packte Kirsten am Arm und zog sie hoch.

„Morten!", Schamröte stieg ihr ins Gesicht, ihre Augen aber waren seltsam glasig. Der Typ neben ihr rappelte sich mühsam hoch.

„Hey", versuchte er schlaff zu protestieren, „mijn meisje!"

Ich beachtet ihn nicht, sondern sagte zu Kirsten: „Sag deinem Lover tot ziens."

„Du, Floni, machs gut, ja, du siehst ja, ich muss jetzt."

Floni wollte nicht so leicht aufgeben. Wenn man Kirsten sah, konnte ich das durchaus verstehen, aber leider jetzt nicht akzeptieren. Ich packte Kirsten fester und zog sie zum Ausgang. Ich war vielleicht fünf, sechs Schritte weit gekommen, da hörte ich Flonis Stimme. „Hey Kraut, lass sie in Ruhe." Jetzt reichte es mir. In einer einzigen Bewegung ließ ich Kirsten los, die schwankte und gegen andere Gäste taumelte, drehte mich herum und rammte meine

Faust in Flonis Bauch, der, nach Luft schnappend, rückwärts umfiel. Dann packte ich Kirsten wieder, und ging weiter zum Ausgang. Die beiden Türsteher kamen mir entgegen. „Was ist hier los?", schnauzten sie.

„Meine Tochter muss jetzt gehen", rief ich. Die Blicke der Türsteher wanderten von mir zu Kirsten und dann weiter zu Floni, der sich langsam aufrappelte.

„Noch einen schönen Abend, mein Herr", erwiderten die beiden und wandten sich Floni zu, der für sie weniger Ärger bedeutete. Zwanzig Sekunden später waren Kirsten und ich draußen. Ich sog die kalte, nasse Luft ein. Dann bugsierte ich Kirsten zum BMW und schnallte sie an. Kirsten kicherte.

„Ich dachte, du wärst ein ganz lieber Onkel Morten, aber du bist ja ein richtiger Schläger. Wie du den armen Floni umgehauen hast."
Ich fand das Ganze weit weniger lustig, hatte aber auch weniger Gras im Kopf. Was sollte ich jetzt machen? Zurückfahren? Was würde Kirsten ihren Eltern erzählen? Das Mädchen einfach hierlassen mitten in der belgischen Provinz? Nein, das ging nicht, spätestens in drei Nächten hätte sie ihre Unschuld verloren, und ich wollte keine Nutte als Nichte. Nicht einmal als Tochter vom Ex-Mann meiner Frau.

Wie immer war die Antwort ganz einfach und dieses Mal zog Kirsten sie aus ihrer Jackentasche. In ihrer zarten Hand lag ein dickes Bündel Dope.

„Hab ich Floni aus der Tasche gezogen. Willst du auch mal probieren?"
Ich schaute sie kurz an, dann nickte ich.
Ich hielt an der nächsten Tankstelle, holte Blättchen, Tabak, zwei Flaschen Jack Daniels und eine Flasche Cola. Wir fuhren in Richtung Grenze. Dort bog ich von der Straße ab, in ein kleines Waldstück. Ich machte den Motor aus. Kirsten versuchte den iPod ans Radio anzuschließen, was ihr erstaunlicherweise sogar gelang. Bald

tönte laut Rihanna durch die nächtliche Stille. Ich baute jedem von uns einen Joint der Extra-Klasse. Lange hatte ich keinen so guten Zug mehr gemacht. Der Rauch brannte in meinem Mund, ich blies ihn durch die Nase wieder aus.

Dann zeigte ich Kirsten, wie man Whisky trinkt. Jeder von uns nahm einen Schluck aus der Cola Flasche, dann füllte ich mit Jack auf. Das ging solange, bis die Cola und der erste Jack leer waren. Kirsten schlief bereits fest auf dem Beifahrersitz, der iPod war verstummt. Ich holte ihr eine Decke aus dem Kofferraum, in dem noch immer das Folienbündel lag. Dann nahm ich die zweite Flasche Jack und ging ein Stück in den dunklen, schweigenden Wald hinein. Ich trank etwas, pinkelte an eine alte Eiche, trank etwas mehr, versuchte auf einen der Bäume zu klettern und riss mir dabei die Hose auf, dann trank ich etwas und wollte zum Auto zurück. Ich fand es nicht mehr. Unschlüssig lief ich herum. Inzwischen war ich so blau und zugedröhnt, dass mir alles egal war. Ich legte mich auf den Boden und schlief ein.

Als ich aufwachte, dämmerte es. Im fahlen Tageslicht erkannte ich, dass ich keine fünfzig Meter vom Wagen entfernt gepennt hatte. Ich fühlte mich… unwohl. Beneidete den Typen im Kofferraum. Der hatte keine Beschwerden mehr. Ich übergab mich an meinem Kletterbaum. Als ich zum Wagen zurückkam, erwachte Kirsten gerade. Sie hatte viel vom Glanz des Vorabends verloren. Ihr Make-up war verwischt, ihr Gesicht aschgrau. Trotzdem fand ich sie ungeheuer anziehend. Sie aber hatte andere Sorgen. Als ich sie begrüßte, nickte sie mir nur hastig zu und verschwand dann hinter einer dicken Fichte. Eine Zeit lang hörte ich nur würgen und speien. Als sie zitternd zurückkam, schaute sie sich verwundert um: „Wo sind wir, Morten?"

„Irgendwo an der Grenze", ich legte meinen Arm um ihre Schultern. „Komm, wir fahren nach Hause."

Die Antwort war ein schwaches, aber sehr spontanes Nicken.

Der Gestank im Auto war grauenerregend, es roch penetrant nach Gras und Alkohol, aber da war noch ein anderer Geruch, faulig, widerlich.

Ich ließ den Motor an und die Fenster herunter. Der Fahrtwind dröhnte in unseren Ohren und der schwache Nieselregen spritzte ins Innere, doch der Gestank war so penetrant, dass ich das Fenster nicht schließen konnte. Ein Streifenwagen parkte am Straßenrand. Ich schloss das Fenster und fuhr im Schritttempo daran vorbei. Der eine Bulle war in das Studium der Bild-Zeitung vertieft, der andere aß Leberwurststullen. Erneut sammelte sich Übelkeit in meinem Magen. Kirsten neben mir würgte. Irgendwoher hatte sie eine Plastiktüte, die sie für den Fall der Fälle bereithielt, doch es kam nichts mehr. Es nutzte nichts, auch wenn der Boss sehr ungehalten reagieren würde, ich musste den Kunden los werden.

Ich steuerte zum nächsten Rastplatz und schickte Kirsten mit etwas Geld in die Tanke, um uns ein Frühstück zu besorgen. Rasch fuhr ich fünfzig Meter weiter, öffnete den Kofferraum, schaute mich um. Ich war allein. Ich zog meine Handschuhe an und dann das Folienbündel aus dem Kofferraum. Der Gestank, der mir entgegenschlug, als ich das Bündel drückte, war unerträglich. Ich würgte. Mühsam bugsierte ich das schwere Paket in den Straßengraben. Dann warf ich die Handschuhe in den Kofferraum, schlug die Klappe zu und setzte zurück.

Kurz darauf kam Kirsten aus der Tanke. Sie hatte zwei Cheeseburger und einen Kaffee für mich. Hungrig aß und trank ich. Kirsten hatte offensichtlich noch keinen Appetit.

Nachdem ich gestärkt war, nahmen wir wieder Platz und fuhren los. Ich kontrollierte aus den Augenwinkeln, dass man das dicke Folienbündel im Graben von der Straße aus nicht sah.

Als wir wieder zu Hause waren, war ich halb erfroren. Der Gestank hatte sich wie eine Pestilenz ins Auto geklebt, also hatten wir die Fenster offengelassen. Kirsten schien es kaum besser zu gehen.

Meine Frau schlug die Hände vor das Gesicht, als sie uns sah.

„Liebling, du bist ja völlig erschöpft von deinem Meeting."

Ich nickte. Hinter mir tauchte Kirsten auf. Sie murmelte etwas von Unstimmigkeiten mit dem Studienplatz und dass sich alles noch mal verschöbe. Ich zuckte nur mit den Schultern und sagte: „Da habe ich sie lieber erst mal wieder mit zurückgenommen."

Meine Frau nickte eifrig: „Ich mache dir ein warmes Bad. Kirsten, kann ich irgendwas für dich tun?"

Sie schüttelte den Kopf.

„Ich gehe nach Hause."

Meine Frau widersprach, sie wollte unbedingt Kirsten helfen, sie zumindest nach Hause bringen. Wie sie sich einigten, bekam ich nicht mehr mit, da ich bereits auf dem Sofa eingeschlafen war.

Als ich erwachte, hatte ich eine heftige Erkältung und Fieber. Ich musste das Bett hüten. Am zweiten Tag meiner Erkrankung meldete meine Frau Besuch: Es war Kirsten. Sie sah aus wie das blühende Leben und noch hübscher als im D'Orangeria.

Sie stellte einen großen Korb neben mein Bett.

„Den habe ich dir mitgebracht, Onkel Morten, damit du schnell wieder gesund wirst. Schau, es sind Orangen drin und Wick Medi-Nait und Aspirin und Taschentücher."

Als die beiden Frauen gegangen waren, untersuchte ich den Korb genauer und tatsächlich, ganz unten fand ich eine kleine Flasche Jack Daniels und ein Tütchen Gras.

Achim Blechschmidt

Die Folterkammer

Nur ein Glas Maracuja-Saft, nur 0,2 l dieses Fruchtsafts genügten, um meinen Kopf in eine Folterkammer der Inquisition zu verwandeln.

In diesem Kellerloch einer Hölle kniete ich hilflos dem Kerkermeister gegenüber. Er zeigte mir die Instrumente: glühende Nadeln, unterschiedliche Hammer, die er auf einem Amboss erklingen ließ. Eine Dornenkrone. Und zu allem Übel war da noch sein sonnengebräuntes, zahnloses Grinsen.

Ich wachte auf, kroch wie ein Faultier in das Badezimmer. Etwas schlug immer wieder von innen gegen meinen Kopf. Da, der Badezimmerschrank könnte mir das Leben als Mensch zurückgeben. Ich durchforstete ihn. Shampoo, Seife, Salz. Salz? Kochsalz? Lotionen. Zahnpasta, Zahnbürsten, Deos fielen auf die Fliesen. Ach, hier war..., der Schmerz hallte durch meinen Schädel, hierhin und dorthin und zurück, ...der Reisefön. Die erlösende Medizin, die braune Glasflasche mit den Novalgin-Tropfen fand ich nicht. Im Spiegelschrank etwa? Ich krauchte zum Waschbecken, zog mich daran hoch, bis ich stand, unsicher wie ein Tier auf zwei Beinen, mit einer Pfote Halt suchend. Als ich die Innereien des Spiegelschranks durchwühlte, fiel der Zahnputzbecher herunter und die Q-Tipps ins Waschbecken. Verdammt, wo war nur die braune Flasche? Ein Vorschlaghammer traf meine Schädeldecke. Ich hielt inne, kniff die Augen zusammen, versuchte den Schmerz durch den Mund ins Freie zu pressen. Es gelang mir nicht. Die Beine trugen mich nicht mehr. Ich krallte mich so gut es ging noch am Waschbecken fest, trotzdem landete ich, wie von einem Raubtier niedergerissen, auf dem Badvorleger. Die blaue Wolle der Badezimmermatte roch süßlich nach den Tropen. Was hatte ich nur getan? Hatte ich Gott gelästert? Dem Folterknecht reichte meine Marter nicht. Er zwängte meinen Kopf in einen Metallring. Die Dornen drangen in meine Kopfhaut ein.

Ich hätte zu Fuß gehen sollen oder die Straßenbahn nehmen, nicht das Taxi mit dem Gestank aus Kölnisch Wasser und Zigarettenrauch. Aber der Fotospaziergang war anstrengend gewesen und ich zu müde.

Ein weiterer Schlag öffnete meinen Schädel. Ich verlor das Gefühl für meine Füße, meine Beine. Meine Hände lagen neben mir wie Einmalhandschuhe auf einer Müllkippe im Sommer. Leer. Ich verließ meinen Körper und sah ihn auf dem blauen Badvorleger liegen. Schlief er nur oder war er tot?

Ich wollte diesen Ort der Niederlage verlassen, nur noch weg. Ich schwebte zur Wand. Sie bildete kein Hindernis mehr für mich. Ich schob mich durch sie hindurch, sah jede einzelne Gipsfaser an mir vorbeiziehen, gelangte in den Flur. Es war dunkel. Ich drehte mich, empfand dabei keine Schmerzen mehr. Sollte ich dennoch ins Bett? Nach dreizehn Kilometern Fußmarsch mit 666 Fotos? Sind Geister müde? Können Geister überhaupt schlafen?

Im Augenwinkel sah ich ein kleines Licht leuchten. Ich beschloss, meine neue Welt zu erkunden und strebte auf das Licht zu, durchquerte einen Tunnel, freute mich dabei über mein neues Leben ohne Schmerzen. Das Tunnelende weitete sich. Ich glitt über einer Landschaft, die mir bekannt vorkam.

Der Boden unter mir blubberte wie Schokoladenpudding im heißen Kochtopf. Teergeruch vernebelte meine Sinne. Zum Glück musste ich keinen Fuß auf diese Erde setzen. Ich blickte hoch, sah zwei Reihen verbrannter Bäume in ihrer Asche stehen. In dreißig, vierzig Meter Entfernung thronten zwei Löwenstatuen auf ihren Sockeln. Ich sah keine Menschenseele. Mir kam in den Sinn, wo ich mich befand: an der Löwenbastion in Hannover. Dahinter lag der leere Maschsee und auch dort brodelte der Seegrund vor sich hin. Ein verrostetes Schiff trieb offenbar führerlos und ohne sichtbare Besatzung durch die Masse.

Kein Leben mehr, wohin ich auch blickte. Ich wandte mich in Richtung Nordufer. Das Brikett am See war hoffentlich noch nicht verheizt worden. Auf den Weg zum Museum flog ich durch die Allee. Der Asphalt der Straße köchelte. Was war hier passiert? War ich in der Hölle?

Die Fensterfront des Eingangsbereichs des Museums war intakt, aber die Türen standen offen. Wo war das Personal? Die Aufsicht? Waren die Gemälde noch da? Ich schwebte in das Innere. Es war heiß. Die zwanzig Grad, die sonst im Inneren herrschten, waren deutlich überschritten. Ich hastete in das Kellergeschoß, wo Picassos „Drei Frauen, rhythmisierte Version" die Wand zierte. Wenn ich dieses Bild betrachtete, vergaß ich die Welt um mich herum.

Das Bild hing nicht an seinem Platz. Ich starrte auf eine beigefarbene Leinwand mit Farbtupfern. Farbige Pigmente unter der Leinwand verschmutzten den grünen Teppich. Der Picasso war zerstört. Ich hetzte durch die Räume. Der Merzbau von Kurt Schwitters – verbrannt. Überall Zerstörung. Alles vernichtet. Traurig schwebte ich zurück zu Picassos Leinwand und legte mich auf den Boden. Ich berührte die Pigmente, die einst Picasso mit Öl gemischt auf die Leinwand aufgetragen hatte und weinte. Das war die Apokalypse. Nichts konnte vor dem Höllenfeuer gerettet werden. Alles verbrannte. Alles wurde zu Staub. Verschwand auf ewig.

Ich öffnete die Augen und sah die einzelnen blauen Fäden der Badezimmermatte. Ich lag zu Hause, war nicht mehr in der Hölle. Die Migräne war verschwunden. Und ich konnte ins Sprengelmuseum fahren, den Picasso anschauen. Meine Ruhe finden.

Yvonne Blöcker

Das Wort Verschwunden

Er kickte den Stein vor sich her. Blöder Tag, dachte er. Er hatte heute keine Lust auf den Tag. Der Weg zog sich. Er war um die erste Ecke gebogen und sah in der Ferne die Abzweigung zur Straße, in der sich die Schule befand. Er kannte den Weg, die Häuser, die Bäume und die Laternen. An vielen Tage hatte er alles aus Langeweile gezählt. Elf Straßenlaternen noch vor sich zu haben, erschien dem Jungen sehr viel. Das Steinekicken beruhigte ihn. Immerhin etwas, das klappt, dachte der Junge. Die Schultasche drückte. Heute war sie besonders schwer.

Der blöde Tag hatte nicht erst heute früh angefangen, sondern bereits gestern. Frau von Lambertz-Grunde hatte seine Hausaufgaben sehen wollen. Leider war das kompliziert: Gerade als er seine Hausaufgaben herausholen wollte, waren sie verschwunden. Einfach so. Nicht da. Weg! Frau von Lambertz-Grunde wartete. Sie schaute so streng auf ihn, dass er sogar beim Erinnern diesen Blick spürte. In der Situation blieb ihm nichts anderes übrig – kleinlaut sagte er: „Ich finde meine Hausaufgaben nicht, Frau von Lambertz-Grunde. Ich weiß nicht wieso, aber die Hausaufgaben sind verschwunden." Sie sagte zunächst nichts, dann sprach sie in aller Ruhe das Wort aus: „V-E-R-S-C-H-W-U-N-D-E-N." Stille. Alle schauten zur Lehrerin. Sie fuhr fort: „Bei dir verschwinden die Hausaufgaben in letzter Zeit häufig. Das ist diese Woche schon das dritte Mal. Ich schreibe dir einen Eintrag in das Elternheft."
Der Junge konnte es sich auch nicht mit dem Verschwinden der Hausaufgaben erklären. Er war ratlos.
„Und", sagte sie, „es gibt eine Zusatzaufgabe für dich. Du malst oder

schreibst bis morgen ein Poster zum Wort Verschwunden."
So etwas Blödes, hatte der Junge gedacht.

Während er den gestrigen Tag Revue passieren ließ, kam der Ärger hoch. Er mochte keine Poster: Das ist ein viel zu großes Format für Hausaufgaben! Das kleine A4 Format kann schon ein endloses Stück Papier sein – aber ein Poster?! Der Junge überlegt weiter: Wenn er der Boss wäre, dann würde er sofort Posterhausaufgaben streichen. Blödes Poster-Format.
Der Stein war inzwischen verloren gegangen. Er lag irgendwo im Rinnstein. Schade, dachte der Junge. Er hatte keine Zeit, den Stein zu suchen. Das zusammengerollte Poster in seiner Hand wurde schwer. Seine Mutter hatte es gestern Nachmittag mit ihm gekauft. In Gelb. Immerhin in meiner Lieblingsfarbe, dachte der Junge.
In Gedanken versunken verging der Schulweg schneller und bald stand er vor dem Schulgebäude. Viele Schülerinnen und Schüler waren unterwegs, und der Junge war froh, als er endlich im Klassenzimmer ankam. Er stellte seinen Schulranzen ab. Was für eine Last heute, dachte er. Die erste Stunde läutete, und die Klassenlehrerin kam. Kurz nach der Begrüßung sagte Frau von Lambertz-Grunde: „Anton, bevor es mit dem Unterrichtsstoff gleich los geht, stellst du dein Poster vor."
Anton schluckte. So etwas Blödes – jetzt gleich das Poster vorstellen zu müssen. Alle schauten auf ihn. Er ging nach vorne, seine gelbe Tonkartonrolle in der Hand. Es fühlte sich schwer an nach vorne zu gehen. Als ob Steine in seinen Schuhen lägen und er zudem einen Stein mit sich trüge. Er rollte das Poster mit einem Rascheln auseinander. In der Stille war das Geräusch besonders gut zu hören. Er hielt sein Poster hoch. Alle schauten auf das Poster. Anton wurde unruhig. Sein Arm juckte. Die Mimik der Schulkinder wechselte von neugierig zu überrascht, denn das Poster war leer. Weder das Wort verschwunden noch eine Zeichnung oder irgendein anderes Wort waren zu erkennen. Bevor Frau von Lambertz-Grunde etwas

sagen konnte, begann Anton zu erzählen: „Das mit dem Wort Verschwunden ist so eine Sache. Es ist nicht so einfach mit dem Wort. Kaum hatte ich es zuhause in der Mitte aufgeschrieben, war es schon wieder verschwunden. Es scheint seinen Inhalt zu leben und zeigt sich nicht gerne. Das Wort Verschwunden ist ganz einfach schüchtern."

Anton senkte seine Arme, legte das Poster vor sich und sprach weiter über das Wort Verschwunden. Er erzählte von einem Geheimnis mit dem das Wort zu tun habe. Er erzählte, dass das Wort gerne witzig sei und sich deswegen gerne verstecke. Aber das Wort verstecke nicht nur sich selbst, es fände es auch witzig, wenn er andere Wörter oder Sachen verschwinden ließe. Das Wort Verschwunden hüpfe gerne herum, statt auf Papier zu stehen. Das Wort Verschwunden möchte die Welt sehen. Ja, das Wort Verschwunden träume sogar viel und merke manchmal gar nicht, wie es dabei verschwindet. Aber vor allem meine das Wort verschwunden nie etwas gemein – es sei so wie es sei.

Alle im Klassenzimmer hörten gebannt zu.

„Toll", riefen die Kinder und klatschten.

„Toll", rief auch Frau von Lambertz-Grunde. Sie war von so viel Mut, Witz und Kreativität beeindruckt.

„Danke für die Geschichte! Und nun verschwindet alle in die Pause", sagte sie und schmunzelte. Anton rollte sein gelbes Posterformat zusammen. Es fühlte sich leicht an.

Frauke Witte

Liebeslied

Als ich mich in Johnny verliebte
war diese Liebe rein und wunderbar.
Ein Kugelhagel meinen Gatten durchsiebte
was sonderbar nebensächlich war.

Johnny musste oft verreisen
und ich sehnte mich nach ihm.
Liebe heiß wie ein Bügeleisen
Liebe unteilbar wie die Prim.

Einen Monat war Johnny verschwunden
Schlagzeilen Vermutungen tauchten auf.
Nur ich verzehrte begehrte viele Stunden
die Geschichte nahm ihren Lauf.

Als wir zusammen Essen gingen,
trat er kurz hinaus.
Der Tod trug auf seinen Schwingen
am Tisch vorbei Türsteher Klaus.

Von dieser Sache glaubte ich Johnny kein Wort.
Gemeinsam bestellten wir das Dessert.
Leider war Mord sein Sport.
Noch als ich schon fiel, liebte ich ihn sehr.

Jan-Egil Gubenis

25 Years Greatest Hits

Kerstin drückte die klebrige Play-Taste. Die erste von sieben Rockballaden der A-Seite ertönte. Metallica – Nothing else matters. Eine halbe Ewigkeit hatte sie die Kassette nicht gehört. Sie leierte, als drehten sich die beiden weißen Zahnräder zu langsam. ,Das passt', dachte Kerstin, denn nachdem letzte Woche ihre beiden Töchter zum Studium ausgezogen waren und ihr Mann Christoph zu seiner Geliebten, hatte auch in ihr Leben Langsamkeit Einzug gehalten.

And nothing else matters – es gibt Momente im Leben, da zählt nichts anderes, dachte Kerstin. All die kleinen und mittelgroßen Probleme ihres Lebens waren hinter der Verlassenheit zurückgetreten. So fühlt sich das also an, dachte sie.

Zur Verlassenheit gehörte Stille. Mit Töchtern und Mann waren viele Geräusche aus dem Haus verschwunden – kein Türschlagen mehr, keine Toilettenspülung, kein Poltern auf den Treppenstufen. Die Geräusche, die übrig waren, gehörten alle zu Kerstin. Am lautesten war die Stimme in ihrem Kopf, die fragte: Warum?

Zum ersten Mal seit fünfundzwanzig Jahren war Kerstin allein. Damals hatte sich Christoph in ihr Leben gemischt. Es kam ihr vor, als wären sie eben erst aus der stickigen Konzerthalle gekommen, angesäuselt von Whisky Cola, hinaus an die warme Sommerluft der Nacht, in der er ihr den ersten Kuss aufdrückte. Und dann hätte jemand fünfundzwanzig Jahre vorgespult und jetzt saß sie hier.

Hier, das war der Küchentisch in einem Reihenendhaus in der Vorstadt, auf dem ein Wasserglas und eine Flasche Whisky standen. Der Whisky gehörte Christoph. Kerstin ging in Gedanken die Dinge im Haus durch und überlegte, wem was gehörte. Seins, meins – in diesen Kategorien hatte sie lange nicht mehr gedacht. Nichts von dem, was die beiden beim ersten Zusammenziehen eingebracht hatten, war noch da. Übrig waren die Haushaltsgegenstände, die sie gemeinsam angeschafft hatten. Mit einer Ausnahme: ihr Radio mit Doppelkassettendeck, das bis heute in der Küche stand und jetzt das zweite Lied anstimmte. Die Liedfolge kannte Kerstin auswendig. Die Kassette war ein Mixtape, das Christoph ihr geschenkt hatte, Relikt aus der Zeit, in der Jungs und junge Männer Lieder re-organisierten, auf eine Leerkassette spielten und per Hand beschrifteten, um Mädchen wie Kerstin zu beeindrucken. Sie atmete tief ein und aus, Tränen machten sich auf den Weg durch ihr Gesicht. Es ging ihr nicht gut, aber der Whisky würde helfen.

Sie schenkte sich ein. Zwei Finger breit. Whisky mochte sie gar nicht, aber das spielte gerade keine Rolle. In diesem Moment ging es darum, in ihrem Innern eine Änderung herbeizuführen und nebenbei Christoph etwas wegzunehmen. Wie er ihr, so sie ihm. Sein Whisky gegen ihr Familienglück. Sie trank einen Schluck.

Kerstin hatte ihm den Whisky selbst gekauft. Vor vier Wochen. Sie erinnerte sich.

„Brauchst du noch was?", hatte sie ihn gefragt.

„Whisky vielleicht."

Es war an einem der letzten Sommertage gewesen, inzwischen wütete vor dem Küchenfenster der Herbst mit Sturm und Regen. Novemberwetter im September.

Das dritte Lied begann. Sie nahm noch einen Schluck. Der zweite floss direkt in den Kopf, so war es immer, wenn sie harte Sachen trank. Der Alkohol feierte dort oben den ersten Erfolg, indem er die schwierige Frage nach dem Warum zur Seite schob und durch die Frage nach dem Wann ersetzte. Ob er vor vier Wochen schon gewusst hatte, dass er ausziehen würde? Wie oft hatte er sie seitdem für sich einkaufen lassen? Wie oft hatte er sich seitdem abends neben sie gelegt? Hatte er es beim letzten Sex schon gewusst? Sie hatten Kuschelrock 32 gehört und waren bis Lied 5 gekommen. Sie fragte sich, welche Musik er mit seiner Neuen hörte, wenn sie miteinander schliefen? Kerstin fühlte, wie die Traurigkeit wich und Wut hervorquoll.

Lied Nummer vier: With or without you. Sie sagte Christophs Namen laut, sprach die zweite Silbe aus, als würde sie ausspucken: Chris-TOPH. Sie brauchte einen wie ihn nicht, hatte ihn eigentlich nie gebraucht. Nach Beantwortung der drängendsten Fragen durch den Alkohol würde Kerstin die Sache abschließen und ihr Leben zurückspulen bis zu dem Nachmittag nach dem Konzert, dem Tag des ersten Dates mit ihm. Ja, sie würde 25 Jahre zurückspulen, die Stop-Taste drücken und dann gleichzeitig die Play- und Aufnahmetaste. Ob ihre Vergangenheit mit oder ohne Christoph stattgefunden hatte, war allein ihre Entscheidung. Sie könnte das Geschehene, sie könnte Chris-TOPH einfach überspielen, ihr Leben neu aufnehmen. Chris-TOPH – den Namen hatte sie eigentlich nie gemocht.

Sie leerte das erste Glas und schenkte sich nach. U2 spielte die letzten Töne, der Whisky hatte sich in Kerstins Erinnerung gemischt und sie wusste nicht mehr, welches Lied als nächstes kam. Da ertönte November Rain. Chris-TOPH, den sie seit Freitag in Gesprächen nur „das Schwein" nannte oder „mein Exschwein" oder „euer Schweinevater". Sie fragte sich, ob dieses Schweinische schon damals in ihm gewesen war, ob sie es hätte erkennen müssen in der dunklen Konzerthalle oder ob die Schweineanteile erst später in ihn hineingeraten waren. Ob sie damals hätte ahnen müssen, dass der schlanke Mann mit Gelfrisur, der Sätze sagte wie „Ich finde, wir sind ein tolles Paar", „Du bist die Einzige" und „Ich liebe Dich", 25 Jahre später sagen würde „Das mit uns, das geht nicht mehr", „Es gibt eine andere" und „Ich habe mich umverliebt". Christoph, ihr Ehemann, Vater ihrer Töchter, Mann ihres Lebens. Er hatte sich bei ihr bedankt für all die Jahre, aber die seien Vergangenheit und in seine Zukunft wollte er sie nicht mitnehmen. Jedenfalls nicht als Ehefrau. Sie könnten ja befreundet bleiben. Wenn es nach ihm ginge. Für den Moment sei Abstand aber sicher das Richtige.

So fühlt sich das also an, hatte Kerstin gedacht. So fühlt sich eine Gitarre, die am Ende des Konzerts auf der Bühne zertrümmert wird. Christoph, das Schwein mit den beiden linken Händen, hatte sich dann plötzlich praktisch und lösungsorientiert präsentiert: „Du bleibst natürlich im Haus wohnen", hatte er gesagt. „Die Möbel und Küchengeräte bleiben alle hier und du behältst den Kombi", hatte er gesagt und sie hatte verstanden: „Du behältst das alte Leben, Kerstin, und ich besorge mir ein neues."

Sie nahm einen Schluck. Das zweite Glas schmeckte besser als das erste.

Das Schwein würde morgen vorbeikommen, um ein paar persönliche Dinge abzuholen. Das hatte er Freitag angekündigt.

„Ich komme nächste Woche, wenn sich die Wogen etwas geglättet haben", hatte er gesagt. Sie trank den Rest des zweiten Glases mit einem großen Schluck. Dass sie Whisky bis vor ein paar Minuten nicht gemocht hatte, konnte sie nicht mehr nachvollziehen. Sie schenkte zum dritten Mal ein. Zwei Finger breit und einen kleinen Extra-Schluck.

Sie stellte sich vor, wie sie Chris-TOPH morgen hineinbitten würde in die Wohnung, in der sich die Wogen geglättet haben sollten: „Deine persönlichen Sachen sind im Garten", würde sie mit süßer Stimme zwitschern und ihn zur Terrassentür begleiten, von der aus er den verbrannten Haufen auf dem Rasen entdecken würde.

„Ich habe alles mit Benzin desinfiziert. Wo die Schaufel steht, weißt du ja", würde sie sagen. „Es ist die alte Schaufel, aus deinem alten Leben, das für dich nicht mehr gut genug ist. Für mich reicht es aber. Übrigens der Kanister mit dem Benzin für den Rasenmäher ist leer. Vielleicht könntest du noch kurz zur Tankstelle und..."

„Das ist doch kindisch", würde er ihr dazwischenfahren.

„Ach, und was du machst, ist erwachsen?", würde sie fragen.

Sie schenkte sich zum vierten Mal ein, dann fielen ihr die Eiswürfel ein und sie ging zum Eisfach des Kühlschranks.

Der alte Kühlschrank aus unserem alten Leben, dachte sie und schlug gegen die Tür. Sie sprach mit dem Gerät. Laut. „Mich braucht er nicht und dich auch nicht. Wir sind nicht mehr gut genug." Die Kühlschranktür fühlte sich wunderbar kühl an. Kerstin streichelte darüber. Die Tür war genau das, was sie jetzt brauchte. Sie wollte irgendetwas fühlen, Kälte, Wärme, egal, irgendwas.

Nach Kerstins erstem Whisky auf Eis war die A-Seite zu Ende gespielt. Sie drehte die Kassette um. Jetzt kamen die ganz alten Lieder. Kerstin drückte Play, setzte sich zurück zur Whiskyflasche und schenkte sich ein. Sie füllte das Glas bis zum Rand voll. Sie sah nicht mehr ein, wertvolle Kraft zu verlieren durch häufiges Einschenken zwei-, dreifingerbreiter Portionen. Dann fiel ihr ein, dass sie bei diesem Glas das Eis vergessen hatte, trank einen großen Schluck ab und ließ vier Würfel ins Glas fallen. Einen für jeden aus meiner großartigen Familie, dachte sie.

Mit ihrem Oberkörper auf dem Küchentisch liegend wachte Kerstin auf. Ihre Zunge fühlte sich pelzig an, sie roch Erbrochenes. Auf dem Boden lag die Flasche. Im Laufe des gestrigen Abends musste die Idee entstanden sein, sie auszutrinken. Dabei mochte Kerstin Whisky gar nicht. Sie suchte nach Adjektiven, die ihren Kopfschmerz beschrieben: beißend, bohrend, brennend. Ihre Arme waren feucht. Sie musste im Schlaf immer wieder mit den Armen durch ihre Kotze gewischt haben.

Die Verabredung am Nachmittag fiel ihr ein. Die Konzerthalle, der erste Kuss, das Tape. In ihrem Zustand konnte sie sich unmöglich präsentieren. Sie würde absagen.

Sie stand auf und ging zum Radio mit Doppelkassettendeck. Die Zurückspultaste war gedrückt. Kerstin drückte auf Stop, dann auf die Eject-Taste und nahm die Kassette heraus. Greatest Hits stand dort mit der Hand geschrieben. Das Mixtape. Sie drehte die Kassette und las auf der Rückseite den Namen des Mixers und lächelte. Der hübsche Christoph aus dem dritten Lehrjahr. Dann schob sie die Kassette zurück ins Deck und schloss es. Sie drückte die Play-Taste bis zum Einrasten. Gespannt wartete sie auf den ersten Ton.

Anke Marie Fischer

Sieben Wochen

Ich liebte Samstage. Jeden Samstag zwischen neun und zehn kam Sina. Sie betrat leise die Wohnung, stapelte frische Brötchen in den Brotkorb und kochte Kaffee. Sie bewegte sich lautlos. Dann setzte sie sich zu mir ans Bett, streichelte mich sanft und ich öffnete die Augen. Unser Wochenende begann.

Am Samstag vor zwei Wochen wurde ich vorher wach. Die Sonne schien bereits hell und schickte ihre Strahlen durch die Weblöcher der Gardinen auf meine Bettdecke. Einen Moment, zwischen Traum und Bewusstsein, beobachtete ich das Spiel der Staubflocken vor mir, dann endlich wach, schob ich die Decke beiseite und stand auf. Mit einem Ruck öffnete ich die Vorhänge. Die Helligkeit flutete mich und den Raum. Ich kniff die Augen zusammen, die Sonne stand ungewöhnlich hoch für diese Jahreszeit am Himmel. Sie strahlte aus einem endlosen blauen Himmel herab zu mir. Wie betäubt von der Helligkeit schloss ich meine Augen einen Moment. Ich spürte die Strahlen, die meine Brust und den Leib wärmten. Eine milde Leere in meinem Kopf ließ mich dastehen und dämmern. So stand ich und schlummerte im Sonnenlicht, als das Türschloss klackte. Jemand öffnete die Tür. Ich wendete mich um und sah Sina. Sie trug einen leichten Mantel, in der Hand hielt sie den Schlüssel. Als sie mich sah, schrie sie auf. Es war ein kurzer Schrei, ein Schrecken, der sich den Weg durch die Kehle gebahnt hatte. Dann wurde sie bleich. Sie stand in der Tür, die Klinke fest in der Hand.

„Fred...?" Ihre Stimme klang schwach.

Ich sah, dass sie zitterte und trat einen Schritt auf sie zu. Ein Schwindel befiel mich, so dass ich mich am Bett festhalten musste. Ich senkte den Kopf, schloss die Augen, um das Sirren in den Ohren abzuwarten, und hörte Sina etwas sagen, verstand sie aber nicht. Der Schwindel wurde stärker. Ich setzte mich aufs Bett und atmete durch.

Schließlich flüsterte ich: „Komm doch rein, bitte."

Auch meine Stimme klang schwach, wie wenn ich lange nicht gesprochen hatte.

Ich hörte, wie sie die Tür ins Schloss fallen ließ und sich dem Bett näherte. Als sie vor mir stand, hob ich den Kopf. Tränen liefen ihr über die Wangen. Ich war bestürzt, sie so aufgelöst zu sehen, und griff nach ihrer Hand, die schlaff an ihr herunterhing.

„Was ist los, Sina?", fragte ich sie.

Sie stammelte und rang nach Worten. Dann, noch immer ihre Hand in meiner, setzte sie sich neben mich auf das Bett.

„Ich dachte, ich hätte dich verloren. Ich dachte, du bist weg, tot, woanders... Ich weiß nicht..."

Sie fiel mir um den Hals, zog mich fest an sich, bohrte ihre Finger in mein Schulterblatt. Sie nahm mir den Atem mit dieser festen Umarmung, in meiner Brust spürte ich Enge. Ich versuchte mich aus der Umklammerung zu lösen, aber sie ließ es nicht zu. Ihr Weinen schwoll an, bis ihre Tränen meine Schultern nässten. Mein Körper spannte sich und ich riss sie von mir.

„Was ist denn los mit dir?", rief ich. Meine Stimme klang laut und hart.

Sie hatte den Kopf gesenkt und schluckte.

„Sina?"

Dann, mit einem Mal, schoss Hitze in ihre Wangen.

„Du fragst mich, was mit mir los ist? Du? Sieben Wochen kein Wort, kein Lebenszeichen von dir. Sieben Wochen weg. Und du fragst mich, was mit mir los ist?"

Sie schrie und schrie, wurde wieder leiser und schluchzte erneut. Wie betäubt folgte ich ihren Worten, versuchte dem Schwindel in meinem Kopf Herr zu werden und der Leere, die sich mit Sinas Worten in mir ausbreitete.

„Ich war wo?", fragte ich sie.

Sina verstummte, sah mich an.

„Ich weiß es nicht!"

In ihren Augen spiegelte sich der Wechsel zwischen Hoffnung und Trauer, der das Braun noch dunkler werden ließ als sonst.

„Ich verstehe dich nicht", sagte ich zu ihr. „Ich bin hier in meiner Wohnung. Und heute ist Samstag, der Tag, an dem du immer kommst und wir das Wochenende miteinander verbringen."

„Ja", sagte sie und wich meinem Blick aus. Ihr Weinen war nun lautlos.

„Was meinst du denn mit sieben Wochen?", fragte ich sie, legte meine Hand erneut auf die ihre, begann sie zu umfassen, doch Sina erwiderte nicht den Druck, sondern riss ihre Hand zurück, rutschte etwas von mir ab.

„Sag es mir doch einfach. Wer ist sie? Lebt sie hier?"

„Ich verstehe dich noch immer nicht, Sina, was meinst du?"

„Du warst die letzten sieben Wochen woanders", sagte Sina, „jedenfalls nicht hier."

„Nicht hier?", fragte ich mit einer Stimme, die sich von mir entfernte und holperte. Ich hustete. Die Brust schmerzte und das Licht stach mir in den Augen, so dass ich sie schloss.

Als ich sie wieder öffnete, hatte sich Sina über mich gebeugt und streichelte mein Gesicht.

„Du bist ohnmächtig geworden!"

„Ich verstehe nicht, was mit mir passiert ist", flüsterte ich.

„Ich auch nicht...", antwortete Sina. Dann gab sie mir einen Zettel. ‚Suche nicht nach mir. Ich brauche etwas Ruhe und Abstand!', las ich und erkannte meine Schrift.

„Nach drei Wochen bin ich zur Polizei gegangen", Sinas Stimme klang nun fester. „Aber die wollten mir nicht helfen."

„Hast du mich angerufen?", fragte ich.

„Teilnehmer ist nicht erreichbar, hörte ich jeden Tag mehrmals. Also habe ich irgendwann aufgehört. Offensichtlich wolltest du mich nicht in deinem Leben haben." Sina begann wieder leise zu schluchzen.

„Es tut mir leid", sagte ich. „Ich weiß nicht, was passiert ist."

Dann saßen wir und schwiegen.

In den nächsten Tagen versuchte ich zu ergründen, was Sina mir erzählt hatte. Sieben Wochen sei ich nicht in der Wohnung gewesen und sie habe mich auch nirgends gefunden. Nicht in meiner Lieblingskneipe, nicht in den Cafés ringsherum. Keiner meiner Freunde hatte mich gesehen. Mein Telefon war aus. Die Polizei wollte ihr auch keine Auskunft über die Transaktionen auf meinem Konto geben.

Zunächst durchsuchte ich meine Wohnung, jeden Schrank, jede Schublade, betrachtete jedes Kleidungsstück, roch daran, durchwühlte die Taschen, fand aber nichts. In einem Umschlag lag ein Schlüssel, aber ich konnte mich nicht erinnern, wozu er passte.

Die Post lag säuberlich, von Sina gestapelt, auf meinem Schreibtisch, sie war ungeöffnet. Es handelte sich um Werbung, Rechnungen und Prospekte. Kein Hinweis auf mich.

Dann öffnete ich mein Konto und loggte mich ein. Tatsächlich waren alle Daueraufträge abgebucht worden. Obwohl ich nicht gearbeitet hatte, wie ich vermutete, war das Konto gut gedeckt. Ich ging jeden einzelnen Betrag durch und dann fand ich eine Überweisung. Jemand hatte mir 19.780 Euro überwiesen mit dem Vermerk: Dankeschön! Ich sah mir die Überweisung näher an, fand aber nur Nummern. Als ich die Summe betrachtete, fiel mir auf, dass ich die Zahlenkombination kannte: Es war mein Geburtsjahr 1978 mit einer zusätzlichen Null am Ende. Wieso überweist mir jemand eine Summe, die meinem Geburtsjahr entspricht?

Als ich am nächsten Tag bei meiner Bank nähere Informationen erbat, erfuhr ich nur, dass es sich um ein Konto in der Schweiz handelte. Mit dem Firmennamen konnte ich nichts anfangen. Das Datum der Überweisung war der 13. Mai gewesen, also zwei Tage vor meiner Rückkehr, bevor ich in meiner Wohnung erwacht und von Sina gefunden worden war.

Ich gab die Adresse der Firma ins Internet ein und fand keinerlei Eintrag. Ein ähnliches Wort, aber mit zwei Buchstaben mehr am Ende, hatte ein Unternehmen in Hessen als ihren Firmennamen gewählt. Ich klickte weiter und erfuhr, dass die Firma optische Geräte herstellte. Ich hatte diese noch nie gesehen oder davon gehört. Ein Restaurant in Stuttgart besaß ebenfalls einen ähnlichen Namen, auch das sagte mir nichts. Als ich den Namen erneut eingab, blinkte kurz ein Eintrag auf, verschwand aber sofort wieder. Kannte ich jemanden, der mir einen Zugang zum Darknet ermöglichen konnte? Ich begann eine Tour durch meine Kneipen. Überall, wo ich auftauchte, sah ich erstaunte Gesichter und hörte die gleichen Fragen, wo ich denn solange gewesen sei, man habe mich vermisst. Ich murmelte dann stets etwas von Auszeit, spürte aber, dass mir das die meisten nicht abnahmen.

Ich rief beim Konzertveranstalter an, für den ich seit einigen Jahren fotografierte. Manni, der Chef, klang verdrießlich. Die kurzfristige Absage im vorletzten Monat habe ihn dumm erwischt, aber dann sei ein Neuer eingesprungen. Nein, Arbeit gäbe es jetzt gerade nicht. Ich telefonierte die anderen Auftraggeber ab, und alle waren verwundert, weil ich mich entweder seit Jahren nicht gemeldet oder vor kurzem eindringlich abgesagt hatte. Ich verstand mich nicht. Was hatte ich getan? Es hatte Jahre gedauert, als freier Fotograf sich diesen festen Kundenstamm aufzubauen.

Ein paar Tage später ging ich zu meinem Hausarzt und ließ mich untersuchen. Auf den ersten Blick könne er nichts Ungewöhnliches feststellen, aber vielleicht zeige sich etwas im Blut. Ich wartete. Als er die Ergebnisse hatte, bestellte er mich ein. Er zögerte kurz und sagte dann, dass alles auf Krebs deute. Er könne noch nicht sagen wo, aber das ließe sich feststellen. Warum ich so viele Jahre nicht bei ihm gewesen sei?, fragte er. Ich saß wie betäubt da, umgeben von Nebel und hatte keine Antwort.

Zu Hause warf ich mich aufs Bett, dachte an Sina, an ihre dunklen Augen und weichen Lippen. Mein Kopf dröhnte, als wenn sich darin ein ganzes Orchester einspielte. Es pochte hinter dem linken Ohr und ich befühlte die Stelle. Eine kleine Verdickung hatte sich dort gebildet, die schmerzte, wenn ich sie berührte. In der Mitte fühlte ich Schorf. Auch hinter dem anderen Ohr ertastete ich mit den Fingerkuppen eine ähnliche Verdickung. Ich kratzte das geronnene Blut ab und betrachtete verwundert meinen Zeigefinger, an dem sich nun frisches mit altem Blut vermischte.

Das Telefon klingelte. Die neurologische Praxis zwei Straßen weiter meldete sich. Endlich würden sie mich persönlich erreichen. Die Behandlung hätte bereits vor vier Wochen beginnen müssen, wieso ich nicht gekommen sei? Der Tumor wäre einer von der aggressiven Art, das hätten sie mir doch erklärt. Wo ich denn gewesen wäre?

„Ich weiß es nicht!", antwortete ich und legte auf.

Und dann dachte ich daran, wie sehr ich Samstage geliebt hatte.

Iris Schröder

Verschwunden

Als Peter um 7:15 Uhr vom Piepsen seines Weckers geweckt wurde, war Sophia nicht mehr da.

Ihre Decke lag in der Mitte gefaltet und glattgestrichen auf dem hellen Laken. Sophia schlief in der rechten Hälfte des Bettes, das blonde Haar auf dem Kopfkissen ausgebreitet, und stand normalerweise nach ihm auf. Gewöhnlich mischte sich ihr müdes Brummen in die Geräusche des Weckers.

Jetzt ruhte ihr Kissen leer und quadratisch am oberen Ende des Bettes, ebenso glattgestrichen wie die Decke und erweckte den Eindruck, völlig unbenutzt zu sein. Als hätte dort nie Sophias Kopf gelegen, als hätte sie sich nie in ihre Decke gewickelt wie eine Raupe in den Kokon.

Peter strich über das Kissen und fand keines ihrer Haare. Auch ihr Nachthemd fand er weder unter dem Kopfkissen noch unter der Decke. Auf dem Nachttisch stand die kleine Lampe, die sie gemeinsam gekauft hatten, aber ihre Ohrringe, Ketten und das Buch, das sie zuletzt gelesen hatte, waren weg.

Peter ging zum Kleiderschrank und schob die Tür zu Sophias Hälfte beiseite. Dahinter hingen leere Bügel, keins ihrer Kleidungsstücke war mehr da. Blusen, Shirts, Hosen, Röcke, Pullover, Jacken, Schuhe, Socken, BHs, Unterwäsche, Schals, Mützen, Handschuhe, Strumpfhosen, Nachthemden, Badeanzüge und Leggins und Badelatschen – alles weg.

Auch im Badezimmer fand Peter nichts, was Sophia gehörte. Ihr Zahnputzbecher stand leer und sauber ohne den kleinsten Rest Zahncreme oder Wasserflecken neben seinem. Blitzeblank, nicht wie frisch gespült, sondern wie neu gekauft, unbenutzt, unberührt, nicht so, als hätte sich Sophia 14 Monate lang zweimal täglich neben ihm die Zähne geputzt.

Unauffindbar waren auch ihre Dosen, Tuben, Tigel und Fläschchen mit Tagescreme, Nachtcreme, Make-Up, Puder, Rouge, Mascara, Eyeliner, Lidschatten und Nagellack.

Kein Nagellackentferner, keine Wattepads. Kein Deo, kein Parfum, kein Duschgel, kein Shampoo, keine Spülung und keine Haarkur.

Bürsten, Kämme, Klammern, Lockenwickler, Glätteisen – alles weg. Als wäre dieser ganze Kram nie hier gewesen. Als wäre Sophia nie hier gewesen.

Als hätten sie beide nicht vor 14 Monaten ihre Umzugskartons in seine Wohnung in den 3. Stock geschleppt. Ihre Klamotten, die kleine Kommode, die jetzt im Flur neben ihrem großen Standspiegel stand. Und die Topfpflanze mit den riesigen Blättern in diesem sauschweren Topf, den sie keuchend und fluchend und schwitzend die Treppen hinauf gewuchtet hatten. Stufe für Stufe.

Auf dem Weg in den ersten Stock hatte Peter die Pflanze verflucht; auf dem Weg in den zweiten Sophia. Er hatte über Trennung nachgedacht und daran, dass diese Riesenpflanze dann ganz allein ihr Problem wäre. Er würde eine neue Freundin finden mit einer Vorliebe für Petunien oder Lavendel oder Küchenkräuter.

Zwischen dem zweiten und dritten Stock hatte er überlegt, dass aufgeben so kurz vor dem Ziel nicht in Frage kam. Getrennt durch zwölf Stufen war seine Wohnungstür bereits in Sicht.

Aber dann hatte die Monsterpflanze in ihrem Riesenkübel nicht durch den Türrahmen gepasst. Sie hatten ihn gedreht, gekippt, gezogen und gedrückt und Peter hatte ständig gerufen, dass das ja nicht klappen könne, rein mathematisch und physikalisch. Wenn der Kübeldurchmesser größer war als die Rahmenbreite, und bei zwei festen Materialien, die sich nicht dehnen konnten. Rein rechnerisch war das Ganze völlig unlogisch, aber dann hatte es einen Ruck gegeben, mit dem Sophia und die Pflanze rückwärts in den Wohnungsflur gefallen waren.

Der Kübel hatte zersplittert vor der zerkratzten Wohnungstür gelegen. Während Sophia sich lachend unter der Pflanze hervorgerollt hatte, hatte Peter die Blumenerde aufgekehrt und die Kübelscherben geklebt.

Sie waren so ein gutes Team gewesen, er pragmatisch und sie fröhlich, und er konnte nicht verstehen, wieso sie sich aus dem Staub gemacht hatte. Wie sie alles so schnell und vor allem so leise zusammengepackt haben konnte, ohne dass er aufgewacht war.

Die Riesenmonsterpflanze war weg. Um ihren alten Platz im Wohnzimmer war es blitzsauber, wie frisch geputzt, kein Krümelchen Erde war zu sehen. Hätte Peter es nicht besser gewusst, hätte er geschworen, dass hier nie eine sauschwere Riesenpflanze gestanden hatte.

Die Flurkommode war weg, auch der Standspiegel. Die gesamte Wohnung sah aus, als hätte es hier nie eine Sophia Winkler gegeben.

Die Küche war sauber und aufgeräumt, obwohl sie gestern Abend eine Flasche Pinot Grigio getrunken hatten, aber es fehlten die Weinflasche und ihre benutzten Gläser.

Peter ging in der Küche umher, öffnete einen Schrank und starrte Kaffeebecher und Müslischalen fragend an. Als wüssten die, was vor sich ging, warum Sophia verschwunden war.

Er ging ins Wohnzimmer und rief nach ihr, obwohl er wusste, dass niemand antworten würde.

„Sophia! Sophia?"

Aber es blieb still, und sein stilles Wohnzimmer erweckte den Eindruck, Sophia gar nicht zu kennen. Das Sofa kannte ihr Gewicht nicht, die Form ihres Hinterns, wenn sie sich setzte. Es wusste nicht wie es sich anfühlte, wenn Sophia ihren Ellenbogen in das Polster bohrte, um ihren Kopf abzustützen. Wusste nicht, wie sie die Kissen knautschte, wenn sie vorm Fernseher noch etwas faulenzen wollte.

In die Kissen war kein einziger Sophiageruch eingezogen. Weder der nach Shampoo, noch der nach Deo, nicht nach Schweiß oder der nach Alltag.

Die Wände und Bilder waren nie von ihrem flüchtigen Blick gestreift worden und der klemmende Fenstergriff nie von ihren kleinen Fingern gedreht, nie von ihrer trockenen Haut berührt und das Fenster nie von ihr aufgerissen worden.

„Sophia!"

Peter zog sich an und ging zur Polizei.

Eine Abfrage im Melderegister ergab keinen Treffer. In dieser Gemeinde wohnte keine Sophia Winkler. Der Polizist wollte keine Vermisstenmeldung für jemanden aufnehmen, den es nicht gab, auch wenn der junge Mann glaubwürdig erschien, der behauptete, die Vermisste hätte bis gestern bei ihm gewohnt.

Trotzdem fertigte er ein Protokoll mit Peters Aussage und dem Vermerk an, dass die Vermisste hier nicht gemeldet war.

Als der Polizist es Peter zur Unterschrift vorlegte und dieser das Datum sah, drehte sich plötzlich der Raum um ihn herum und ihm wurde übel.

Dort stand das Datum von vor zwei Jahren. Da hatte er Sophia noch gar nicht gekannt.

Jeannine Fischer

Weiter. Immer. Weiter.

Es war an einem Mittwochmittag im Juni. Valerie saß auf einer Bank in dem kleinen Park, unweit der Textilfirma, in der sie seit zwei Jahren arbeitete. Ihre Pausen verbrachte sie dort, auch wenn es regnete, stürmte oder schneite. Sie lief an solchen Tagen die Kieswege im Park entlang, stellte sich unter Bäume oder sah auf den Teich mit der kleinen grasbewachsenen Insel. Auf ihr nistete jedes Jahr ein Entenpaar. Ob es immer dasselbe Paar war, wusste Valerie nicht. Normalerweise suchten sich Enten in jeder Brutsaison einen neuen Partner, hatte sie in einer Zeitschrift gelesen.

Valerie sah auf ihre Armbanduhr. Noch blieb eine Viertelstunde, bevor sie zurück in die Firma musste. Den ganzen Tag über schaute sie fast unentwegt auf den Bildschirm, auf dem sie Zahlen, Tabellen und Schriftstücke sichtete, prüfte, korrigierte, ergänzte oder zusammenfasste. In den Pausen hinauszugehen und in die Ferne zu sehen, war ihr deshalb wichtig.

Sie lehnte sich auf der Parkbank zurück und betrachtete die hellgrünen Blätter an den Bäumen, mit denen der Wind spielte. Sie schloss die Augen und sog den Duft des Frühsommers ein.

SMS an Valerie: „Hallo, Valerie. Bitte denke daran, dass wir in 10 min einen Termin mit Frau Maak haben! LG Julia"
...
SMS an Valerie: „Valerie? Alles in Ordnung? LG Julia"
...
„Guten Tag. Das ist die Mailbox von Valerie Wert. Der gewünschte Gesprächspartner ist zurzeit nicht erreichbar. Bitte sprechen Sie nach dem Piepton." ... „Valerie, hier ist Julia. Wo bist du? Ich bitte

dich! Du musst sofort ins Büro kommen. Frau Maak wird sonst im Dreieck springen. Du kennst sie doch!"

…

„Valerie, ich bin es noch einmal. Ich mache mir langsam Sorgen! Geht es dir nicht gut oder ist etwas vorgefallen? Bitte melde dich bei mir, ja? Egal, ob ich im Termin bin oder nicht. Also bis gleich!"

…

SMS an Valerie: „Valerie, was ist nur los? Julia"

…

„Valerie, ich bin's, Julia. Ich wollte dir sagen, dass du dir keine Sorgen machen brauchst. Ich habe Frau Maak gesagt, dass dir unwohl war und du deshalb nach Hause gegangen bist. Aber Valerie, egal, was wirklich passiert ist, melde dich bitte bei mir! Das musst du mir versprechen! Bis dann!"

…

„Valerie, hier ist Niklas. Deine Kollegin hat mich angerufen und mir berichtet, dass du nach der Mittagspause nicht mehr ins Büro zurückgekehrt bist. Wir machen uns alle sehr große Sorgen. Melde dich so schnell wie möglich bei mir – bitte, bitte, bitte!"

…

„Valerie, ich bin`s noch einmal, Niklas. Was auch immer vorgefallen ist: Wir können über alles reden, nur bitte melde dich! Ich liebe dich!"

Es war Januar. Niklas saß auf der Couch in Valeries Wohnung und blickte auf seinen Laptop. Um ihn herum standen geöffnete, geschlossene, beschriftete und unbeschriftete Kartons. Ein Stapel lehnte noch ungefaltet an einer Wand. Neben Niklas lag ein ausgerissener Zeitungsartikel, auf den er beim Zusammenpacken von Valeries Sachen gestoßen war. Der Text war nur in Teilen zu entziffern, denn ein dunkelbrauner Fleck hatte sich über dem Zeitungsausschnitt ausgebreitet. Die Überschrift des Artikels lautete: „Dieser Mann hilft Menschen beim Untertauchen." Der Mann, um den es in dem Bericht ging, hieß Peter Dell. Seit über zehn Jahren suchte er für verschiedene Auftraggeber nach Menschen und seit wenigen Monaten tat er das Gegenteil. Er half Menschen zu verschwinden. Mehr Informationen hatte Niklas dem in dunkelbraune Farbe getränkten Artikel nicht entnehmen können.

Er hatte Peter Dells Kontaktdaten im Netz ausfindig gemacht, griff nun zum Telefon und tippte die Nummer ein. Er wartete. Nach dem fünften Klingelton legte Niklas auf. Minuten später versuchte er es erneut. Sein Anruf blieb unbeantwortet. Niklas fuhr sich mit der Hand über das Gesicht, stand auf und begann, die Kartons zu umkreisen. Draußen hatte es zu schneien begonnen.

Wenig später klingelte das Telefon. Niklas stieg und sprang über Kartons, griff nach dem Telefon auf dem Couchtisch und drückte es an sein rechtes Ohr.

„Hellmann?", meldete er sich.

„Peter Dell am Apparat. Sie hatten mich angerufen."

Niklas holte tief Luft.

„Ja." Er schluckte.

„Es geht um meine Freundin Valerie Wert. Sie ist seit über einem halben Jahr verschwunden. Alle Ermittlungen der Polizei waren bisher erfolglos und ich beginne nun, ihre Wohnung aufzulösen. Dabei bin ich auf einen Artikel über Sie gestoßen."

Niklas las die Überschrift des Textes vor. Am anderen Ende der Leitung blieb es still.

„Ich habe mich gefragt, ob Valerie vielleicht mit Ihnen in Kontakt getreten ist?"

Peter Dell sagte noch immer nichts.

„Der Artikel ist der einzige über mich, der jemals erschienen ist und er ist bereits fünf Jahre alt", erwiderte er Sekunden später.

Fünf Jahre, dachte Niklas. Im nächsten Monat wären Valerie und er zwei Jahre zusammen.

„O.k.,", sagte Niklas, „aber kennen Sie trotzdem meine Freundin?"

„Und selbst wenn, könnte ich es Ihnen nicht sagen", antwortete

Peter Dell. „Ich kann Ihnen nur raten, die Sache ruhen zu lassen."
Ein Klicken war in der Leitung zu hören, dann ein Tuten. Peter Dell
hatte aufgelegt. Niklas warf das Telefon auf den Tisch und sah zum
Fenster, vor dem die Schneeflocken durch die Luft wirbelten. Die
Gedankenflut in seinem Kopf nahm ihm jedoch die Sicht.
Er griff nach dem Telefon und wählte erneut Peter Dells Nummer.
Niemand meldete sich.
„Niklas Hellmann noch einmal", sprach er auf die Mailbox. „Wie
kann ich die Sache ruhen lassen, wenn ich nicht weiß, was ist!"
Er legte auf. Wie ein hungriges Tier, das seine Beute fokussiert, be-
trachtete Niklas das Telefon. Peter Dell rief nicht zurück. Nach zwei
Stunden gab Niklas auf, schob das Telefon in seine Hosentasche,
löschte das Licht in Valeries Wohnung und fuhr nach Hause.
Nachdem er die Wohnungstür hinter sich geschlossen hatte, betrat
er die Küche. Er holte sich ein Bier aus dem Kühlschrank und setzte
sich an den Küchentisch. Als er die vierte Bierdose öffnen wollte,
klingelte das Telefon in seiner Hosentasche. Er fingerte es heraus
und lauschte in den Hörer. Es war ein Säuseln, ein Nuscheln, ein
Aneinanderreihen verschiedener Laute zu vernehmen. Ob eine
Frau oder ein Mann am Telefon war, konnte Niklas nicht ausma-
chen.
„Hören Sie!", rief Niklas in den Hörer, „Ich verstehe Sie nicht!"
Die Geräusche wurden leiser und verschwanden. Zurück blieb
Stille.
„Hallo?", rief Niklas in den Hörer. „Hallo?"
Niemand antwortete. Er legte auf, schaltete das Telefon lautlos,
schob den Stuhl zurück, legte die Beine auf den anderen Stuhl und
öffnete die Bierdose.
Vom Vibrieren des Telefons auf dem Küchentisch erwachte Niklas
am nächsten Morgen. Sein Kopf schmerzte. Er war auf dem Küchen-
stuhl eingeschlafen und die Rückenlehne hatte ihm als Kopfkissen
gedient.
„Hellmann", seine Stimme klang belegt.

„Peter Dell am Apparat. Ich bin in zehn Minuten bei Ihnen."

Niklas konnte nichts erwidern. Dell hatte aufgelegt.

Niklas stand auf und rannte ins Bad. Er putzte sich die Zähne und spülte den schalen Geschmack aus dem Mundraum. In der Küche nahm er die sechs leeren Bierdosen vom Tisch und packte sie in eine Papiertüte. Es klingelte an der Wohnungstür. Niklas öffnete. Der Mann, der vor ihm stand, hatte keinerlei Ähnlichkeit mit dem Bild, das er sich von Dell gemacht hatte. In seiner Vorstellung war Peter Dell groß, schlank, hatte ein kantiges Gesicht, dunkelblonde Haare und trug einen Anzug. Der Mann vor seiner Tür war klein, schmal, hatte dunkles, lichtes Haar, eine breite Nase und einen Dreitagebart. Dell trug ein graues T-Shirt, ein ausgeblichenes schwarzes Sakko und eine dunkelblaue Jeans. In der linken Hand hielt er einen Aktenkoffer, die rechte Hand streckte er Niklas entgegen.

„Darf ich hereinkommen?", fragte er.

Niklas trat zur Seite und wies ihm den Weg in das Wohnzimmer. Dell setzte sich auf die Couch, den Aktenkoffer stellte er neben sich ab. Er betrachtete den Raum.

„Warum sind Sie hier?", fragte Niklas.

Dell legte die linke Hand auf den Aktenkoffer.

„Valerie Wert hat sich tatsächlich einmal bei mir gemeldet, damals hieß sie Caroline Seelig. Sie wollte wissen, wie ich Menschen verschwinden lasse, ob das bisher immer geklappt hat und wie hoch der Preis für diese Leistung ist."

Niklas warf Dell einen fragenden Blick zu.

„Sie hat sich danach nie wieder bei mir gemeldet."

„Und um mir das zu sagen, sind Sie hierhergekommen?", fragte Niklas.

„Nun, nicht ganz", antwortete Dell. „Mich interessierte diese Frau und deshalb habe ich ein paar Erkundigungen über sie eingeholt." Er räusperte sich: „Wussten Sie, dass Ihre Freundin hochbegabt ist?"

Niklas antwortete nicht.

„Sie ist bei ihrer Großmutter aufgewachsen, kam bereits mit fünf

Jahren in die Schule, übersprang einige Klassenstufen und hatte mit fünfzehn das Abi in der Tasche. Ein paar Jahre später studierte sie Medizin, arbeitete aber nie in diesem Beruf, sondern hielt sich mit Gelegenheitsjobs über Wasser. Gewohnt hat sie die ganze Zeit bei ihrer Großmutter."

Niklas hatte sich hingesetzt und sah Dell wie gebannt an.

„Seit dem Tod der alten Frau ist Valerie nicht mehr sie selbst", erzählte er. „In den vergangenen zehn Jahren nahm sie acht Identitäten an und wohnte in sechs Städten."

Niklas erinnerte sich, wie er Valerie kennengelernt hatte. Er traf sie in einem Blumengeschäft. Sie kam ihm mit einer großen Grünpflanze im linken Arm entgegen, in der rechten Hand hielt sie eine Tragetasche, aus der kleine Pflanzen ragten. Beinah wäre ihr die große Zimmerpflanze aus dem Arm geglitten. Er hatte ihr die Pflanze abgenommen und ihr die Sachen nach Hause gebracht. Sie war erst seit wenigen Wochen in der Stadt, hatte sie erzählt.

„Diese zwei Jahre, die sie hier verbracht hat, waren für sie eine sehr lange Zeit", hörte er Peter Dell sagen.

Niklas sah auf den Boden: „Verschwindet sie immer sang- und klanglos?" Er hörte das Klicken des Aktenkoffers und das Rascheln von Papier. Dell schob Niklas Bilder über den Couchtisch zu. Die Fotos, die unterschiedliche Daten am Bildrand trugen, zeigten verschiedene Wohnungen, vollgestopft mit Kleidersäcken, Kartons und Kisten, aus denen Bücher, Bilder und Papierrollen ragten. Teppiche waren zusammengerollt, Schrank- und Regalteile lehnten an den Wänden, Stühle waren übereinandergestapelt.

„Zuletzt wohnte sie in Kassel und hieß Maren Schön", sagte Dell.

Niklas schloss die Tür hinter Dell und setzte sich auf die Couch. Er fühlte sich wie betäubt. Morgen früh, wenn die Betäubung nachgelassen hatte, würde er seine letzten Sachen aus Valeries Wohnung holen und den Schlüssel der Polizei bringen. Sollte die sich um alles Weitere kümmern. Valerie war verschwunden. Nun sollte sie auch aus seinen Gedanken verschwinden.

Stella Liebich

Die Schnecke

Es ist erst Montag, der erste Tag der Woche. Meine Gedanken laufen weiter, ich denke an Freitag. Langsam kriecht eine schleimige Schnecke über mein Herz. Sie hinterlässt einen Schleier aus Zweifel. Ich weiß, wer sie schickt, sie kommt aus den Tiefen meiner Bedenken. Dort wartet sie ab und kriecht los, wenn die Hoffnung zu ausgelassen in meinem Herzen tanzt.

Jetzt fühle ich die Schnecke wandern, langsam in meinen Kopf zu ihren Freunden. Erst trifft sie auf Hans, Hanns Guck-in-die-Luft. Ich verfolge die Biene, die Nektar in den blauen Blüten meiner Balkonkästen sammelt. Dann das Flugzeug am Himmel. Ja, Urlaub wäre schön.

Die Schnecke kriecht weiter, Hanns träumt hinterher. Ich weiß, ich muss etwas schaffen, aber wie?

Nun hat sie Bacchus getroffen, einen gemeinsamen Freund. Er hat gute Ideen, und kreativ ist er auch. „Ein bisschen Wein, ein bisschen Schokolade, die Arbeit war so hart, das hast du dir verdient!" Ich mag Bacchus, er kümmert sich gut um mich. Mit einer Praline und einem Glas Wein werde ich bestimmt bald fertig sein. Ich gehe in die Küche, und die Schnecke kommt mit. Sie kriecht durch meinen Kopf mit jedem Schritt. Beim Anblick der Waschmaschine trifft sie Frau Holle. Das hat mir gerade noch gefehlt. Ich möchte mich nicht mit ihr streiten und starte eine Maschine Wäsche. Frau Holle ist mit dem Staub auf meinen Türen beschäftigt. Lob für die Wäsche bekomme ich von ihr nicht.

Da sehe ich den Kalender an der Kühlschranktür. Bis Freitag muss ich fertig sein. „Frau Holle muss warten!", rufen Herr von Unruh und ich im Chor. Ich will doch so gerne etwas Gutes schaffen und mich nicht blamieren. Die Schnecke interessiert das wenig. Ihre Schleimspur zieht sich weiter durch meinen Kopf. Schwatzend folgen ihr Hans, Bacchus und Frau Holle. Nur Herr von Unruh läuft vorweg.

Ich schaue auf mein Handy. Schon 8 Uhr. Und 10 neue Nachrichten bei WhatsApp. Mal sehen, was es Neues gibt. Die Schnecke begrüßt unterdes Marc Zuckerberg. Er versteht sich prächtig mit Bacchus, so wie ich. Noch kurz ein Video über Katzen in Kisten schauen, dann mache ich weiter. Die Gesellschaft in meinem Kopf feiert ausgelassen.

Erst als ich feststelle, dass ich von Katzen in Kisten bei archäologischen Funden der Angelsachsen gelandet bin, lege ich mein Handy weg. Meine Füße werden langsam kalt. Warum sitze ich eigentlich draußen an einem Tisch? Auf dem Sofa könnte ich bestimmt genauso gut arbeiten.

Ein guter Freund von Hans ist zu der Schnecke gestoßen. Sein Name ist Morpheus. Ja, ein wenig auf dem Sofa die Augen schließen und in Ruhe über meine Geschichte nachdenken. Ein wunderbarer Gedanke. Nur gut, dass ich mich auf dem Weg zum Sofa am Tischbein stoße.

Aufgeschreckt aus meinem Traum setze ich mich an meinen Tisch. Das Buch ist aufgeschlagen, die Seiten sind vollgeschrieben. Und die Schnecke? Die ist verschwunden. In den Tiefen meiner Bedenken und die Hoffnung tanzt zurück in mein Herz.

Tilman Wittenhorst

Unter Wasser

Die Suppe schmeckt grün und riecht nach einer Drei. Ich spucke
auf den Teller, was ich davon im Mund habe, und werfe den
Löffel auf den Tisch. Die Suppenreste spritzen über das Wachstuch.
„Was ist das für ein Betrug? Sie versuchen schon wieder, mich zu
vergiften!"
Ich schlage vor Empörung mit den Handflächen auf die Tischplatte,
der Löffel springt an die Kante und fällt zu Boden.
„Das ist Hühnersuppe, die magst du doch sonst."
„Ich verbitte mir das Du, wir kennen uns nicht!"
Der junge Mann hantiert hinter meinem Rücken, ich spüre ihn an
den Haarspitzen. Er zieht mich im Stuhl ein Stück zurück, die Röll-
chen unter den Stuhlbeinen quietschen. Er zerrt und ruckelt den
Stuhl über den Teppich, bis ich auf Armlänge vom Tisch entfernt
sitze. Dann bückt er sich und kriecht unter den Tisch, tastet nach
dem Löffel. Ich nehme die Gelegenheit wahr, schnappe den Sup-
penteller und kippe den Sud in den Topf des Gummibaums neben
mir.
Was hat der Mann hier zu suchen? Er hält mich gefangen und ver-
riegelt die Tür, wenn er geht, schließt mich in meiner eigenen Woh-
nung ein. Wenn er endlich verschwindet und zusperrt, überkommt
mich jedes Mal Panik. Falls nun ein Feuer ausbricht, wie soll ich
fliehen? Und wenn ich allein bin und einen Schlüssel im Schloss
kratzen höre, hoffe ich jedes Mal, dass es Luise ist, die zurückkehrt.
Sie muss ja einen eigenen Schlüssel bei sich haben, wenn sie ver-
reist ist. Das behauptet der junge Mann jedenfalls immer, sobald
ich ihn darauf anspreche.
„Der Teppich ist eingesaut. Ich hole einen Lappen."

Er taucht wieder unter dem Tisch auf und verschwindet im Flur. Ich beschließe, etwas gegen meine Lage zu unternehmen. Die Dielen knarren, er muss in der Küche sein. Als er gekommen ist, hat er seine Jacke über die Sessellehne geworfen. Ich stehe auf, nehme das Kleidungsstück und durchsuche die Taschen. Auf der Sessellehne liegt auch die Häkeldecke, an der Luise so gerne gearbeitet hat. Der Faden ist vergilbt und spröde. In einer Außentasche finde ich schließlich den Schlüsselbund und nehme ihn an mich. In der Küche läuft Wasser ins Spülbecken, der Mann wringt einen Lappen aus.

Ich gehe durch den Flur ins Badezimmer und schließe die Tür, kann sie aber nicht verriegeln. Auch diesen Schlüssel hat er einbehalten, nicht einmal hier darf ich für mich sein. Ammoniakgeruch sticht mir in die Nase. Ich reiße das Fenster auf und schnappe nach frischer Luft. Gegenüber auf einem Balkon des Nachbarhauses, nur einige Meter entfernt, hängt eine Frau Wäsche auf. Ich fuchtele mit den Armen und rufe so laut ich kann: „Man will mich vergiften!"

Die Frau schaut mit zusammengekniffenen Augen herüber. Dann lächelt sie, winkt, als würde sie einen Bekannten grüßen, und widmet sich wieder ihrer Hausarbeit. Wenn mir niemand helfen will, dann darf der Kerl meine Wohnung nicht mehr betreten. Ich schließe das Fenster, klappe den Toilettendeckel hoch und werfe den Schlüsselbund ins Wasser. Mit einem Glucksen verschwindet er zwischen den dunklen Striemen in der Tiefe des Klosetts. Ich ziehe an der Kette für die Spülung und fühle mich erleichtert. Jetzt kann der Mann mich nicht mehr gefangen halten.

Im Wohnzimmer hockt der junge Mann wieder unter dem Tisch und schrubbt den Teppich. „Warst du auf dem Klo? Das ging aber schnell." Seine Stimme klingt gedämpft unter dem Tisch herauf.

Auf der Anrichte entdecke ich eine Fotografie in einem Holzrahmen. Luises hübsches Gesicht und meines daneben, mein Haar noch nicht grau. Ein klarer Himmel, im Hintergrund flache Häuser aus Lehm in grellem Licht. Wir waren im Nahen Osten… Ich schmecke salzige Luft, die Farben wehen mich an. Ich sah dort Mosaiken mit Tieren, den Strand von Aqaba und zierliche Korallen im Roten Meer. Luise sagte, unter Wasser bleibe die Zeit stehen. Das habe sie irgendwo gelesen. Also lieh ich mir eine Tauchausrüstung und ging Schnorcheln. Luise blieb am Strand und genoss lieber die Sonne. Ich schwebte zwischen den Fischen wie in einem Schwarm Vögel, fühlte mich schwerelos. Änderte ich die Richtung, bauschten sich die Fische um mich wie ein bunt gesprenkelter Kokon. Später saßen wir auf einer Bank beisammen, Luise in meinem Arm, und ich drückte meine Lippen auf ihre zarte Haut.

Ich tippe mit dem Zeigefinger auf die rechte der beiden Figuren auf dem Foto. „Das ist meine Frau."

„Ja, das Bild kenne ich, das seid ihr beide." Doch der junge Mann schaut nicht einmal hin.

„Wie können Sie das wissen?"

Er antwortet nicht, trottet mit dem Lappen einfach davon. Zornig stelle ich das Bild wieder an seinen Platz.

Der Mann kommt zurück und greift seine Jacke. „Ich kaufe jetzt etwas ein, dann fahre ich wieder ins Büro. Heute Abend komme ich nochmal vorbei."

Kurz mustert er mich, als hätte er mich durchschaut. Aber er scheint keinen Verdacht zu schöpfen wegen der Schlüssel. Das verringerte Gewicht der Jacke könnte ihm auffallen. Eine unaufmerksame Generation! Er verlässt meine Wohnung und zieht die Tür hinter sich zu. Erleichtert atme ich aus.

Dann betrete ich die Küche. Es riecht muffig, braun und abgestanden. Der feuchte Lappen hängt über dem Wasserhahn, im Spülstein treiben Essensreste. Ein Loch im Bauch erinnert mich daran, dass ich noch nichts gegessen habe. Was ist mein Lieblingsgericht, wenn Luise nicht kocht? Natürlich, eine Suppe. In der Vorratskammer finde ich bunte Pappschachteln mit weißen Kügelchen und blauem Pulver, und etwas, das vertrockneten Knoblauchzehen ähnelt. Ich lege alles neben den Herd und drehe eine Gasflamme auf. Es klopft an der Tür. Einen Topf finde ich unter der Spüle, wo er hingehört. Wenn alles an seinem Platz ist, komme ich allein zurecht. Ich stelle den Topf auf die Flamme und gebe die Zutaten hinein. Wer will mich um diese Tageszeit besuchen? Luise hat ja einen Schlüssel. Ein Mann ruft etwas und hämmert gegen das Türblatt. Die Suppe qualmt jedoch und fordert meine Aufmerksamkeit.

Irgendwo muss ein Kochlöffel sein. Ich kenne die Stimme. Im Küchentisch entdecke ich glücklicherweise eine kleine Schublade mit Besteck, ein Teelöffel wird es auch tun. Etwas schießt mir durch den Kopf. Genau, die Stimme hinter der Wohnungstür gehört dem Kerl, der hier manchmal erscheint und mich „Vater" nennt. Als hätte ich einen Sohn. Ich rühre ordentlich um im Topf. Die Zutaten schmelzen ein, das muss wohl so sein. Rauch steigt mir in die Nase und eine zarte Flamme leckt aus dem Topf empor. Der Duft riecht nach einer Drei, schmeckt grün und auch ein wenig salzig. Das erinnert mich daran, dass ich endlich einmal das Meer und seine Bewohner kennenlernen will. Unter Wasser bleibt ja die Zeit stehen, sage ich immer. Ich rühre noch einmal um, die Härchen auf meiner Haut kräuseln sich. Das wird eine Suppe geben, die mir gefällt.

Liane Wagner

Am Strand

In diesem Jahr war der Strand an der Ostsee ganz leer. Seit mehr als zehn Jahren kam sie nach Binz, immer zur gleichen Zeit im September. Sie liebte es, sich in den warmen Sand zu legen, die feinen goldschimmernden Körner auf der Haut zu spüren, sich langsam und sanft zu strecken, den Gedanken freien Raum zu geben und die milden Sonnenstrahlen über den Körper streicheln zu lassen. Sie spürte, wie ein Glücksgefühl in ihr aufstieg. Und jedes Jahr freute sie sich darauf.

Bisher hatte sie dieses Gefühl mit ihrem Freund Felix geteilt, einem älteren Junggesellen und Vertrauten aus der Jugendzeit, der sie auf diesen Reisen begleitete.

Felix und Irene verstanden sich gut, oft war es gar nicht nötig, miteinander zu sprechen. Sie betrachteten gemeinsam den blaugrauen Horizont, ohne ein Wort zu sagen. Sie kannten die Gedanken des anderen wie ein altes Ehepaar, mit dem Unterschied, dass ihr Schweigen nicht einer Mitteilungsleere oder einer Hemmung entsprang, sondern vielmehr einer Harmonie, die beide umhüllte, wenn sie still nebeneinandersaßen.

In diesem Jahr war Irene alleine an die Ostsee gefahren. Felix war dienstlich unterwegs. Er nahm an einem Kongress in Kopenhagen teil. Seine Fakultät im Institut für Gravitationsphysik forschte über Gravitationswellen und suchte im Weltraum Schwarze Löcher, eine komplexe Domäne, in der er sich als Physiker gut auskannte. Wenn er über sein Wissen gefragt wurde, antwortete Felix in seiner bescheidenen Art: „Das meiste ist uns unbekannt, und ich bin einer derer, der nach Wissen strebt und noch so wenig darüber weiß."

In Wirklichkeit war das Gegenteil der Fall. Es hieß, dass er eine Koryphäe auf diesem Gebiet sei.

Irene war Mitte Vierzig, hatte Linguistik studiert und arbeitete bei einer Lokalzeitung. Sie war selbstbewusst und ehrgeizig. Eine schlanke, mittelgroße blonde Frau, mit porzellanfarbenem Teint und dunkelbraunen Augen.

Irene liebte es, mit Felix zu verreisen; er war in seiner Art ein liebenswerter und gleichzeitig zuverlässiger Freund.

Vor langer Zeit war sie sogar in ihn verliebt gewesen. Dieser athletische Körper, seine samtweiche Haut, die braungoldenen Augen mit einem Hauch grünen Glanzes, deren Unruhe der Tiefe des Meeres entsprang, zogen sie noch immer an. Einmal konnte Irene sogar seine beschützenden Arme um ihre Taille spüren. An einem Nachmittag, als sie spazieren gingen, war ein heftiger Sturm aufgekommen, der alles, was im Wege stand, wegblies. Vor Angst war sie wie versteinert mitten auf dem Weg stehengeblieben und konnte keinen Schritt weiter gehen, um sich in Sicherheit zu bringen. Da hatte Felix seine Arme geöffnet, wie ein mächtiger Vogel, der den Himmel beherrscht, und gesagt: „Hab keine Angst, ich bin bei dir, ich halte dich fest!" Und sie hatte sich in seine Arme fallen lassen.

Danach hatte ihr Weg zu einem anderen Mann geführt, zu Oskar, einem Studienkollegen, den sie Hals über Kopf heiratete und von dem sie genauso schnell wieder Abschied nahm. Sie hatten von Anfang an nicht zusammengepasst.

Nach der Scheidung stürzte sie sich in die Arbeit. Bei der Jahrestagung der Astrophysiker, über die sie einen Artikel schreiben sollte, traf sie auf Felix. Seitdem trafen sie sich immer wieder.

Vieles teilten die beiden seitdem miteinander, Freude und Kummer, Zweifel und Hoffnung, Geldnot und Wohlstand. Felix lebte allein, hatte nie heiraten wollen, vielleicht weil er in seiner Forschung ein Zuhause fand.

In ihre Gedanken an Felix und ihr Leben vertieft, merkte Irene nicht, wie sich die Dämmerung hier am Meer als rötlicher Schleier über das Ufer senkte. Eine schwache Brise und ein lauter werdendes Stimmengewirr weckte sie aus diesen Träumen auf. Einige Menschen lamentierten laut und gestikulierten mit Armen und Händen. Einer zeigte aufs Meer hinaus, wo die Wellen stärker waren und glasige Kämme und vereinzelt weiße Schaumköpfe zeigten, wo die Möwen sich in einem zarten Tanz bewegten und ihren Flug nach einer kurzen Rast starteten.

Irene sprang auf, lief zur Gruppe und fragte, was passiert sei.

„Dort, schauen Sie dort, in die Ferne, die rote Bademütze, der holt sich den Tod, so weit hinaus schwimmt er!"

Irene sah auf das Meer und erkannte einen kleinen roten Punkt, der hin und her über die Wellen sprang, immer wieder untertauchte, bis er schließlich komplett verschwand.

Die Menschen am Ufer waren beunruhigt, einige von ihnen riefen: „Man sollte ein Rettungsboot holen!" und liefen zur Strandwache. Irene blieb alleine zurück. Ihr Herz klopfte heftig. Ein Rettungsboot startete und fuhr auf das Meer hinaus.

Irenes Gedanken wurden schwerer. Sie musste an die vielen Ertrunkenen denken, über die im Fernsehen berichtet wurde, an die Geflüchteten, die auf Gummibooten nach Europa wollten. Ihre Armut und Aussichtslosigkeit in der Heimat hatte dazu geführt, dass sie ihr Zuhause hinter sich gelassen hatten, in der Hoffnung auf eine bessere und sichere Zukunft.

Felix und sie, Irene, haben dagegen ein gutes Leben, können sich vieles leisten, fahren mindestens zweimal im Jahr in Urlaub, besuchen Theater, Oper und Konzertvorstellungen.

„Wie verzweifelt muss man denn sein", überlegte Irene, „um selbst in den Tod zu schwimmen?"

Als Irene in ihr Hotel zurückkam, erfuhr sie, dass die im Meer verschwundene Person eine Frau von Mitte Vierzig war, die einen Tag zuvor aus Leipzig angereist war.

Der Hotelangestellte sagte: „Die Frau war mir aufgefallen. Sie reiste ohne Gepäck und sah unglaublich traurig aus." Als er sie fragte, ob alles in Ordnung sei, habe sie ihm erzählt, dass am Abend zuvor ihr Kind an Leukämie verstorben sei und dass sie keinen Sinn mehr in ihrem Leben sehe.

„Sie hat in der Bar mehrere Gläser Whisky mit Eis getrunken und ist dann auf ihr Zimmer gegangen", berichtete der Hotelangestellte. Die Retter konnten die Frau im Meer nicht finden. Sie war verschwunden.

Irene dachte an ihr Leben, an den Strand und an Felix. Das Schicksal der Frau löste in ihr einen Wunsch aus: Sie wollte ab sofort Felix lieben und ihn festhalten; loslassen muss sie am Ende sowieso…

Magnus Wenning

Pfunde verschwunden

Ich bin ein überzeugter Anhänger des Satellitenfernsehens. Sehr häufig verpasse ich den Anfang eines Filmes, schalte erst gegen halb neun ein, suche noch Bier und Chips und schon kommt der erste Werbeblock. Da ich Werbung nicht mag, zappe ich weiter, bleibe bei einem Superschwertransport hängen. Irgendwann fällt mir mein Film wieder ein, also zurück: knapp drei, vier Minuten sind mir vergönnt, dann wieder Werbung. Wieder zurück zum Schwertransport: der ist inzwischen angekommen, Fahrer und Beifahrer klopfen sich kumpelhaft auf die Schultern. Also weiter hinein in den zweistelligen Bereich der Prekariatssender. Ich vertiefe mich in ein Pokerspiel. Mein Film! Er läuft wieder, aber ich muss zur Toilette. Als ich wiederkomme: erneut Werbung.

Normalerweise ist das der Punkt, an dem ich den Fernseher ausmache und ins Bett gehe. So gelingt es mir, die Spannung eines Spielfilmes nicht nur über neunzig Minuten, sondern über Jahre hinweg zu halten. Irgendwann, so hoffe ich, werde ich alle Szenen des Films gesehen haben und vielleicht werde ich ihn dann verstehen.

Neulich jedoch war es anders. Ich war gedanklich so träge, dass ich immer tiefer in die Abgründe des Satellitenfernsehens hineingeriet. Meinen Film hatte ich bereits vergessen. Immer obskurer wurden die Beiträge. Ich stieß auf Sender, die nie ein Mensch zuvor gesehen hatte. Ich spürte, wie meine Hirnzellen im Sekundentakt abgebaut wurden und befürchtete, ich müsste auf Grund meiner Trägheit für alle Zeiten auf dem Sofa liegen bleiben.

Dann, als ich alle Hoffnung bereits hatte fahren lassen, erblickte ich auf der Mattscheibe meinen Engel der Rettung. Eigentlich ähnelte die Schönheit der Frau weniger der eines Engels, als der einer

Barbiepuppe, aber man darf nicht vergessen, dass ich mich zu dieser Zeit bereits etliche Stunden im inneren Kreis der Verödung befand.

Offensichtlich war Barbie in ein Fitnessstudio geraten. Sie betätigte verschiedenste Geräte und Werkzeuge, die an mittelalterliche Streckbänke und eiserne Jungfrauen erinnerten. Doch Barbie war vollkommen zufrieden. Spielend betätigte sie die Geräte, lächelte und spulte einen Wortschwall ab, der auch bei längerem Nachdenken keinen Sinn ergab. Erst nach und nach verstand ich, dass Barbie offensichtlich die Geräte gar nicht brauchte. Für ihren Traumkörper trug sie Dr. Yutszu Yens Fett-weg-Gürtel. Mit dieser wunderbaren Symbiose aus Hightech und fernöstlicher Zen-Philosophie, konnte man sich den ganzen Tag mit allen möglichen Dingen beschäftigen: fernsehen, Computer spielen, schlafen, und trotzdem erhielt man eine Traumfigur. Der Gürtel ließ das Fett wie durch einen Zauber verschwinden.

Ich schaute auf das Bier in meiner Hand und auf die leeren Chipstüten vor dem Sofa. Ich musste diesen Gürtel haben. Ich wollte eine männliche Barbiepuppe sein. Ich wollte die drei Ziele erreichen, die Dr. Yutszu Yen als Ziel jedes Menschen erkannt hatte: inneres Glück, einen perfekten Körper und ein erfülltes Sexleben. Mit Schrecken sah ich oben links im Bildschirm einen Zähler: Es waren nur noch dreißig Gürtel verfügbar! Wo war mein Telefon? Neunundzwanzig, achtundzwanzig. Ich sprang auf. Wo war dieses Mist-Telefon? Nicht in der Obstschale, wo es sonst immer lag, nicht im Korb mit der dreckigen Wäsche. Fünfundzwanzig. Ich fand es unter dem Sofa. Achtzehn. Schnell wählte ich die Nummer, vertippte mich. Dreizehn. Endlich ein Freizeichen: Warteschleife, neun, acht, sieben, der nächste frei Platz ist für sie reser... Jemand meldete sich. Fünf, vier. Ich erwischte das vorletzte Super-Deluxe-Vorzugseinführungspaket.

Die Zeit, bis Dr. Yutszu Yens Fett-weg-Gürtel geliefert wurde, zog sich endlos hin. Fünf, sechs, acht Mal am Tag rannte ich zur Tür, um zu schauen, ob der Paketbote kam. Allein davon wurde ich fit. Und dann, nach drei Tagen, war es da: ein großes, braunes Paket, das ich hektisch aufriss. Die Rechnung über 399,99 € warf ich beiseite, ich hatte ja schon per Vorkasse bezahlt. Darunter kam alles zum Vorschein. Zunächst das fünfhundertseitige Anleitungs- und Übungsbuch „Schwingungen sind Leben" von Dr. Yutszu Yen. Dann ein Expander für zusätzliche und unterstützende Übungen und als besonderes Gratisgeschenk, das ich auf jeden Fall behalten durfte, eine Bartlippenorchideennachbildung aus Seide. Und schließlich der Fett-weg-Gürtel.

Hier machte ich die Erfahrung mit einem sogenannten Halbmontageprodukt. Das heißt, man konnte den Gürtel nicht einfach umlegen und anschalten, sondern musste noch einige Montagehandgriffe an dem Gürtel vornehmen. Leider war die Montageanleitung nur in chinesischer Schrift geschrieben. Vier Stunden später war es dann soweit, ich hatte den Gürtel richtig montiert, so dass er nach dem Einschalten leise brummte und vibrierte. Ich legte ihn vorsichtig um und schaltete ihn behutsam ein. Ein kräftiges Zittern durchlief meinen Körper. Ich spürte, wie alle Muskeln in meinem Leib durch Mikroimpulse optimal trainiert wurden. Ich lehnte mich zurück und versuchte zu atmen. Leise klapperten meine Zähne.

„Wer schön sein will, muss leiden", dachte ich. Ich wollte im Anleitungs- und Übungsbuch nachschauen, ob diese Worte von Dr. Yutszu Yen stammten, konnte aber durch meine zitternden Hände die Seiten nicht umblättern.

Dieses allgegenwärtige Zittern beherrschte in den nächsten drei Tagen alles. Ich musste meinen Kaffee aus einer Schnabeltasse trinken, da ich das Porzellan nicht mehr halten konnte. Beim Treppensteigen musste ich mich mit beiden Händen am Geländer festhalten. Mein bis dato nur unbedeutendes, egozentrisches Sexleben blieb vollkommen auf der Strecke. Das beständige Zittern zusammen mit den starken Schmerzen in der Körpermitte wirkte sich äußerst unerotisch und appetitzügelnd aus.

Und dann war es am dritten Tag plötzlich vorbei. Ich wachte auf und es dauerte einen Moment, bis ich realisierte, was anders war. Dann merkte ich, dass die ganze Welt stillhielt. Ich schlug die Bettdecke zurück und nahm vorsichtig den Bauch-weg-Trainer ab. Darunter kam mein Schmerbauch zum Vorschein, neu waren zwei rote Striemen von der Befestigung des Trainers. Ich strich sanft über meinen Bauch, legte dann den Trainer wieder um und betätigte vorsichtig die Powerautomatik. Nichts passierte. Ich betätigte die Powerautomatik fester, noch immer nichts. Ich betätigte die Powerautomatik ein drittes Mal. Ein unscheinbarer roter Plastikknippel sprang ab und verschwand für alle Zeiten unauffindbar unter dem Bett. Ich nahm den Trainer wieder ab und kontrollierte den Sitz aller Kabel. Sie saßen richtig. Dann kam mir ein Gedanke. Ich nahm die Batterien aus dem Antriebsfach, tauschte sie gegen neue und versuchte es erneut mit der Powerautomatik. Noch immer nichts. Ich nahm mir noch einmal die Kabel vor und schloss sie anders an. Zunächst passierte nichts, bei der dritten Kombination funkte es und roch verschmort. Ganz langsam dämmerte in mir die Erkenntnis: Das Ding war defekt.

Nach einem kurzen Moment der Verzweiflung fiel mir ein, dass ich das Super-Deluxe-Vorzugspaket mit kostenloser Drei-Tage-Garantie gekauft hatte. Die Garantieurkunde war von Dr. Yutszu Yen persönlich unterzeichnet worden. Ich versetzte den Bauchtrainer in seinen halbmontierten Zustand zurück und ließ dabei das verschmorte Kabel unter den Tisch fallen. Alles andere packte ich in ein Paket und schickte es an den Versender, die Toll-Ware LTD, zurück.

Mein Weg zum Traumkörper und zum erfüllten Sexleben war vielleicht unterbrochen, aber was zählten schon drei Tage für ein ganzes Leben.

Ich wartete zwei Wochen. Offensichtlich lag mein Fall komplizierter, als zunächst angenommen, oder sie wollten sich mit meiner Reparatur besonders viel Mühe geben. Als ich nach drei Wochen noch immer nichts gehört hatte, rief ich beim Fernsehsender an. Es wäre ermüdend, die vielen fruchtlosen Stunden zu schildern, in denen ich in der Warteschleife hing. Schließlich erhielt ich die Auskunft, dass der Sender nur die Ausstrahlungzeit des Werbespots zur Verfügung gestellt hatte, für Garantiefragen müsse ich mich schon direkt an die Toll-Ware LTD wenden. Von dieser hatte ich aber außer der Adresse keinerlei Angaben und konnte mir auch keine beschaffen.

Dann nach vier Wochen gab es ein Lebenszeichen meines Trainers. Mein Paket kam zu mir zurück. Adressat unbekannt, stand darauf, im Inneren mein Trainer, so demontiert, wie ich ihn verschickt hatte. Meine Begeisterung für das Gerät hatte in den letzten Wochen sehr gelitten. Inzwischen war ich bereit, das Ganze einfach abzuhaken. Doch als ich den Gürtel wieder in den Händen hielt, wusste ich, was zu tun war. Ich durchsuchte alle Unterlagen, bis ich auf der letzten Seite von Dr. Yutszu Yens Ratgeber fand, was ich suchte: die Adresse des Herstellers in Chongqing. Noch am selben Tag war ich im Reisebüro, beantragte ein Visum und buchte einen Flug in die Volksrepublik China.

Zwei Wochen und elf Flugstunden später landete ich in Hangzhou. Ich hatte einen Koffer mit meinen Klamotten bei mir und eine Plastiktüte mit dem Bauch-weg-Trainer. Von Hangzhou nahm ich den Zug ins tausendfünfhundert Kilometer entfernte Chongqing, dass ich nach gut zwei Tagen und einem kleinen Schlenker von vierhundert Kilometern auf Grund einer Ungenauigkeit in meinem Wörterbuch erreichte. Chongqing überwältigte mich. Von der Existenz dieser Stadt hatte ich noch vor einem Monat keine Ahnung gehabt und nun stand ich hier in einer Stadt, in der fast 29 Millionen Menschen zusammenlebten. Am Bahnhof in Chongqing nahm ich ein Taxi und zeigte dem Fahrer die Adresse von Dr. Yutszu Yens Fabrik. Es folgte eine zweistündige Fahrt an Hochhäusern vorbei, durch endlose Plattenbausiedlungen und eine grandiose Bergwelt. Schließlich erreichten wir einen staubigen Platz, der von einem hohen Zaun mit Stacheldraht umschlossen war. Ich nahm meinen

Koffer, die Tüte mit dem Trainer und bezahlte den Taxifahrer. Dann ging ich auf das kleine Pförtnerhaus neben dem rostigen Zufahrtstor zu.

Der Pförtner beäugte mich misstrauisch, lächelte aber höflich und kramte nervös in seinen Unterlagen. Ich holte meinen Trainer hervor und sagte mehrfach Dr. Yutszu Yens Namen. Schließlich nahm der Pförtner seinen Telefonhörer ab und wählte. Er schrie in den Hörer, während sein Blick nervös von mir zum Taxi sprang, das sich entfernte. Schließlich erschien eine junge Chinesin in einem schwarzen Kleid, die mich freundlich, aber unbestimmt anlächelte. Sie begrüßte mich in fließendem Englisch, stellte sich als Shi Tong vor und erkundigte sich, wie sie mir helfen könne.

Ich schilderte Shi den Fall und bat um einen Termin bei Dr. Yutszu Yen, für den ich den ganzen Weg auf mich genommen hatte. Dabei holte ich Dr. Yutszu Yens Buch hervor, das ich in den zurückliegenden Tagen mehrfach gelesen hatte. Sie wolle sehen, was sie für mich tun könne. Dann nahm sie das Telefon des Pförtners, wählte und schrie ebenfalls hinein. Ich möge morgen um zehn Uhr wiederkommen, dann wäre es Dr. Yutszu Yen eine große Freude, mich zum Tee zu empfangen.

Sie war dann noch so nett, mir ein Taxi zu bestellen und mir ein Hotel in der Stadt zu empfehlen. Am nächsten Morgen um kurz vor zehn stand ich wieder vor der Pforte des Betonklotzes von Dr. Yutszu Yens Fabrik. Der Pförtner begrüßte mich freundlich, kurz darauf erschien Shi und führte mich durch eine massive Feuerschutztür in die gigantische Fabrikationshalle, in deren Innerem ein gewaltiges Klackern, Rattern und Knirschen herrschte. Ich wurde an einem riesigen Saal vorbeigeführt, in dem zahlreiche Arbeiterinnen an winzigen Tischen standen. Sie nahmen aus großen roten Kisten zu ihrer Rechten drei Teile, schraubten diese zusammen und legten sie in große blaue Kisten, die links standen. Zwischen ihnen wirbelten kleine Elektrowagen herum, die volle blaue Kisten einsammelten und neue rote Kisten brachten. Ein scheinbar nie enden wollender Strom aus Fett-weg-Trainern. Wir erreichten einen tristen Bürotrakt. Shi öffnete am Ende des Ganges eine schwere Tür. Dahinter lag ein großer Raum, der sich vollkommen vom Rest der Fabrik unterschied. Der Boden war mit dicken Teppichen bedeckt, die Wände mit dunklem Holz vertäfelt. Die eine Seite des Raumes wurde von einer Fensterfront eingenommen, die einen weiten Ausblick über das tiefer gelegene Chongqing eröffnet. Im Zentrum des Raumes thronte ein gewaltiger Besprechungstisch, umgeben von neun schwarzen Ledersesseln und einem zehnten Sessel, der gut doppelt so schwer wie die übrigen und mit rotem Leder bezogen war. In einer Ecke des Raumes plätscherte ein kleiner Springbrunnen über kunstvoll arrangierte Steine. Um den Brunnen herum waren riesige Sträuße aus Seidenblumen dekoriert.

Shi bot mir Tee an und bat mich einen Moment zu warten. Dann verschwand sie durch eine Seitentür, die in die Vertäfelung eingelassen war, während mir eine andere Angestellte den Tee brachte.

Ich ließ mich in einem der Sessel nieder, natürlich nicht in dem großen roten, und holte den kaputten Fett-weg-Trainer aus meiner Plastiktüte, schaute aus dem Fenster über das riesige Chongqing und wünschte, ich wäre wieder daheim auf meinem Sofa. Ich wanderte ein wenig durch das Besprechungszimmer und betrachtete eine Vitrine, in der die Produkte aus Dr. Yutszu Yens Fabrik ausgestellt waren: Bauchtrainer, Vibrationskörper für Mobiltelefone, Dildos und Seidenblumen.

Dann ging die Tür auf und herein kam: Dr. Yutszu Yen! Ich erkannte ihn sofort. Wie oft hatte ich mir das kleine Foto auf seinem Buch angeschaut. In der Realität wirkte er viel kleiner und dickbäuchiger, als ich erwartet hatte. Wir begrüßten uns mit Händedruck und Verneigung. Mit mächtigem Ächzen schob sich Dr. Yutszu Yen in den roten Sessel, und ich nahm wieder hinter meinem Tee Platz. Shi stellte sich rechts von Dr. Yutszu Yen auf. Ich breitete meinen Fett-weg-Trainer aus und erläuterte zunächst, welch ein großer Bewunderer des Dr. Yutszu Yen ich sei, um mich dann umso überraschter über das Nicht-Funktionieren des Gerätes zu zeigen. Dabei machte ich immer wieder Pausen, damit Shi alles übersetzen konnte.

Als ich fertig war und Shi den letzten Satz übersetzt hatte, starrte mich Dr. Yutszu Yen einen Moment lang irritiert an, dann brach er in schallendes Lachen aus. Er griff zu einem Telefon, das vor ihm in den Besprechungstisch integriert war und brüllte böse hinein. Ich war mir sicher, im nächsten Moment würde wie in einen Kung-Fu-Film ein gutes Dutzend trainierter Kämpfer in den Raum springen, um mich auf die Straße zu werfen. Doch es kamen keine Kung-Fu-Kämpfer, sondern nur die Angestellte, die mir bereits den Tee gebracht hatte. Sie stellt ein großes Paket auf den Tisch. Dr. Yutszu Yen bedeutete mir mit einer Geste, es zu öffnen. Vorsichtig hob ich den Deckel ab und sah im Inneren einen neuen, fertigmontierten, feuerroten Bauch-weg-Trainer, zwei riesige Dildos und einen großen Strauß Seidenblumen. Ich bedankte mich freundlich.

Es entstand eine Pause.

Ich klappte den Deckel zu, bedankte mich noch einmal sehr herzlich und erhob mich. Dr. Yutszu Yen sagte etwas zu Shi.

„Entschuldigen Sie, mein Herr", sprach sie mich an. „Der verehrte Dr. Yutszu Yen möchte wissen, ob Sie wirklich sein ganzes Buch studiert haben?"

Ich nickte: „Von vorne bis hinten, dreimal!"

„Dr. Yutszu Yen ist über die Toll-Ware LTD sehr verärgert. Sie hat ihm viel Geld gestohlen. Nun sucht er eine neue Vertretung für Europa."

Und so kam ich schließlich zu dem Job, den ich heute mache und der für mich mehr ist als nur ein Job. Er ist meine Berufung. Ich leite heute die Generalvertretung für Dr. Yutszu Yen-Produkte in Europa. Und so haben sich für mich die drei Ziele beim Kauf eines Dr. Yutszu Yen-Produktes erfüllt: Ich habe inneres Glück gefunden, habe einen perfekten Körper nach buddhistischen Maßstäben und mit meiner Frau Shi ein erfülltes Sexleben.

Liane Wagner

Verschwunden

Du bist gegangen,
Und mit dir das Blaue, das Grüne und das leuchtende Gelb,
Verschwunden im Klang deiner Schritte,

Die Gedanken, Kalte Regentropfen verstreut auf mein Gesicht,
Das Gesicht, eine verborgene Landschaft der Seele,
Die Seele, ein Mikrokosmos der Gefühle,

Die Gefühle, ein Meer von Erfahrungen und Illusionen,
Die Illusionen, auf unerfüllte Hoffnungen,
Die Hoffnungen, auf den Regenbogen der Zeit.

Ein Regenbogen im Garten des Lebens, mit deinen Farben,
Mit deinen Farben und deiner Stimme, mit meinem Ich
Als du und ich, das Blaue, das Grüne und das leuchtende Gelb.

Verschwunden im Klang deiner Schritte,
Verloren in Regentropfen und Wind,
Und doch wieder gefunden, in dir.

Frauke Witte

An den TV-Sender
Geliebter Fremder!

Nach deinem Aufruf im Fernsehen
war es komplett um mich geschehen.
„Mann sucht Frau international" ist meine Lieblingssendung.
Damit bekam mein Leben Sinn und Wendung.

Mein erster Mann ist kürzlich verschwunden
und ich hab ihn nicht wiedergefunden.
Seitdem fühl ich mich sehr allein.
Doch dein Werben soll mein Weckruf sein.

Du hast so schöne Augen und einen tollen Bart
und machst eine sexy Figur bei der Schlittenfahrt.
Gern möchte ich deine Geliebte und dein Helferlein sein.
Drum hoffe ich inbrünstig, du lädst mich ein.

Beschnuppern werden wir uns in der Hofwoche,
gemeinsam schreiben wir unsere Epoche.
Mein geliebter Weihnachtsmann,
ich stehe auf dich und in deinem Bann.

Bis bald, mein Zukünftiger am Nordpol,
tausend Küsschen und Lebwohl.
Hoffentlich höre ich von dir bald,
sonst tuts auch dein Bruder, egal ob jung oder alt.

Ann-Christin Huth

Nimm dein Schicksal in die Hand – und beiß rein!

Die braune Papiertüte raschelte auf dem Beifahrersitz, als sie von der Landstraße in den schmalen Anliegerweg einbog. Der Schotter knirschte unter ihren Reifen und spritzte hoch. Die feinen Kiesel klackerten an der Fahrertür. Sie fuhr einige Meter, wendete und lenkte den Wagen in eine kleine Mulde zwischen Bäumen und Büschen, die den Weg säumten. Der Motor seufzte erleichtert, als sie ihn abschaltete. Sie nahm einen tiefen Atemzug. Welch ein Tag. Dann fiel ihr Blick auf die Tüte. Der markante Duft erfüllte bereits den gesamten Pkw. Sie sog ihn tief durch die Nase ein, genoss wie er sich die Luftröhre hinab durch die Bronchien bis in die kleinen Lungenbläschen ausbreitete und hielt ihn dort, solange sie konnte, bevor sie ausatmen und Luft holen musste. Sie griff nach der Tüte und legte sie in ihren Schoß. Vorsichtig öffnete sie die umgeschlagene Falz und blickte hinab auf den Inhalt. Ein Lächeln zupfte an ihren Mundwinkeln. Dann sah sie auf. Der schmale Feldweg lag ruhig da, während die Autos auf der angrenzenden Landstraße vorbeizogen. Sie sah auf die Zeitanzeige im Bordcomputer. 17:20 Uhr – Feierabendverkehr. Sie blickte erneut auf die Landstraße und zählte die vorbeifahrenden Autos. Zählte die Menschen, die nach Hause fuhren, zu ihren Familien und Freunden, Hunden und Katzen, Hobbies und Leidenschaften. Dingen, die sie selbst auch gehabt hatte. Dann sah sie wieder auf die Tüte hinab.

Es hatte mit dem Rauchen angefangen.

„Du schadest deiner Gesundheit", hatte er gesagt und sie hatte ihn verstanden. Aus einer Schachtel am Tag wurde eine Schachtel in der Woche, im Monat und dann schließlich keine Schachtel mehr.

Das Rauchen aufzugeben war ihr schwer gefallen, doch es hatte sich gelohnt. Der chronische Husten war verschwunden und ihre Kondition verbesserte sich stetig. Doch dabei war es nicht geblieben. Sie griff in die Tüte und holte das erste Stück heraus. Die warme, in weißes Papier eingeschlagene Rundung schmiegte sich perfekt in ihre Handfläche. Sie entfernte die helle Hülle und strich sie auf ihrem Schoß glatt, als Schutz vor verräterischen roten Flecken auf ihrer weißen Hose.

„Du musst dich gesünder ernähren", hatte er gesagt. Sie hielt den Burger fest in beiden Händen und biss ab.

„Ab sofort essen wir vegan."

Ein kleines Stück Salat fiel auf ihren Schoß. Sie nahm es zwischen Daumen und Zeigefinger und betrachtete es.

„Gemüse kaufen wir nicht mehr. Das ist voller Schadstoffe. Ich werde es selbst anbauen, in unserem Garten."

Sie steckte den Salat in den Mund und leckte sich etwas Ketchup vom Finger.

„Arbeiten kann ich dann natürlich nicht mehr, dazu fehlt die Zeit."

Ein Auto bog in den Feldweg und ließ sie aufschrecken. Sie machte sich so klein wie möglich, bis es im Rückspiegel verschwunden war. Dann atmete sie die unwillkürlich angehaltene Luft aus.

„Kein Problem", hatte sie gesagt. „Mit meinem Job im Marketing verdiene ich genug Geld. Es wird für uns beide reichen." S ie nahm einen weiteren Bissen, einen großen, und genoss den Geschmack des gegrillten Fleisches auf der Zunge.

„Das kommt nicht in Frage. Marketing ist das Fundament des Kapitalismus. Such dir einen Job mit Zukunft. Einen, der die Welt besser macht, statt sie zu zerstören. In der Pflege zum Beispiel. Da wird ständig jemand gesucht."

Sie stellte ihren Sitz nach hinten, stieß die Crocs von ihren Füßen und legte die Beine übereinander geschlagen auf dem Armaturenbrett ab. Bissen für Bissen genoss sie ihren Burger. Dieses winzige bisschen Freiheit am Ende eines langen Tages gehörte nur ihr – ihr allein. Als sie fertig war mit der Sinfonie aus saftigem Beef, krossem Bacon, frischer Tomate und knackigem Salat, nahm sie das Papier von ihrem Schoß, zerknüllte es und steckte es in die braune Tüte. Sie griff nach dem zweiten Stück ihres abendlichen Rituals und lächelte, als das kleine weiße Tütchen zum Vorschein kam.

„Eine Tüte voll Glück" war darauf zu lesen. Sie nahm ein Stück Glück hinaus und biss ab. Der heiße Käse ergoss sich auf ihre Zunge und die Jalapeños kribbelten liebkosend an ihrem Gaumen. Schnell waren alle sechs verschwunden. Wehmütig betrachtete sie die kleine Tüte, strich mit den Fingern darüber und drehte sie um. Auf der Rückseite stand: „Nimm dein Schicksal in die Hand – und beiß rein!"

Sie sah auf die Uhr im Bordcomputer. 17:45 Uhr. Höchste Zeit. Sie stopfte die kleine weiße in die größere braune Tüte und knüllte diese zu einem Ball zusammen, den sie auf dem Beifahrersitz platzierte. Dort würde er verweilen, bis sie ihn in dem öffentlichen Mülleimer, zwei Straßen von ihrem Haus entfernt, entsorgte. Dann stieg sie aus dem Wagen und öffnete die Tür, soweit es ging. Dasselbe tat sie auf der Beifahrerseite. Nun trat sie an den Kofferraum und nahm den Weidenkorb heraus. Mit ihm ging sie zum Wegesrand und stellte ihn auf einem niedrigen Busch ab. Dann griff sie nach Zahnbürste und -pasta, putzte sich die Zähne, benutzte Zahnseide und Mundwasser. Während sie damit noch gurgelte, nahm sie bereits die Flüssigseife und den kleinen Wasserkanister heraus. Sie befeuchtete ihre Hände und verteilte die Seife großzügig auf den Handflächen und -rücken. Auch die Fingernägel und -zwischenräume vergaß sie nicht. Dann wusch sie den Seifenschaum ab und spuckte das Mundwasser ins Gras. Mit einem Deospray überdeckte sie den Fastfood-Duft, der sich auf ihre Kleidung und ihr Haar gelegt hatte. Als sie fertig war, wunderte sie sich, dass in ihrer unmittelbaren Nähe ein Vogel zwitscherte. Sie verstaute ihre Utensilien wieder in dem Weidenkorb und stellte ihn zurück in den Kofferraum. Jetzt war das Auto dran. Sie nahm den kleinen Handstaubsauger aus der Ablage an der Seite. Sorgfältig entfernte sie alle Krümel von den Polstern ihres Sitzes. Dann schnüffelte sie. Der Fast-Food-Geruch war schwächer geworden, doch er war noch da. Sie ging wieder zum Kofferraum und tauschte den Staubsauger gegen ein Lavendel-Duftspray. Großzügig marinierte sie damit den gesamten Innenraum des Autos.

Als sie sicher war, nichts vergessen zu haben, setzte sie sich hinter das Steuer und stellte den Sitz wieder ein. Sie startete den Motor, fuhr los und bog rechts auf die Landstraße ab. Zwei Dörfer weiter klingelte ihr Handy. Sie stöhnte, als sie die Nummer der Personalabteilung auf dem Bordcomputer sah, und drückte auf den grünen Hörer, der auf dem Touch-Display erschien.

„Dieses Wochenende?", fragte sie ungläubig, als sie das Ortschild ihres Heimatdorfes passierte. „Das sind meine einzigen freien Tage seit knapp drei Wochen."

Aber ihre Kollegin war beharrlich.

„Na gut, ich springe ein." Sie legte auf und schüttelte mit zerknirschter Miene den Kopf, während sie in die 30er-Zone abbog, in der ihr Haus stand. Nachdem sie den Wagen in der Einfahrt abgestellt hatte, warf sie einen weiteren Blick auf die Zeitanzeige. Punkt 18 Uhr. Wie jeden Abend. Da es die Nacht über trocken bleiben sollte, ließ sie die Fenster einen Spalt breit geöffnet. Sie stieg aus und warf einen Blick auf die duftenden Lavendelpflanzen, welche die Einfahrt rahmten. Dann ging sie zur Haustür und öffnete sie. Einen Schlüssel brauchte sie schon lange nicht mehr, er glaubte nicht an Schlüssel.

„Es sind ja nur fünfzehn Kilometer", sagte er, kaum dass sie sich aus den weißen Klamotten geschält und bequeme Kleidung angezogen hatte. „Die kannst du auch mit dem Fahrrad fahren."

Natürlich konnte sie das. Morgens um vier, bei Wind und Wetter, gab es ja nichts Schöneres als eine kleine Fahrradtour.

„Denk an die Umwelt. All das CO_2 in der Luft. Und finanziell ginge es uns dadurch auch besser." Sie fuhr mit dem verkrampften Lächeln fort, das sie jeden Abend lächelte, und gab sich nicht einmal die Mühe, es echt aussehen zu lassen. Er bemerkte den Unterschied sowieso nicht. Das Auto. Es war das einzige, was ihr noch geblieben war, nach dem Rauchen, dem Trinken, dem Essen, ihrem Job, ihren Freundinnen und ihrer Mutter, die „alle einen schlechten Einfluss" auf sie gehabt hatten. Früher oder später hatte es so kommen müssen.

„Am besten mache ich gleich ein paar Fotos für ein Inserat", meinte er und ging an ihr vorbei in Richtung Haustür.

„Das reicht doch morgen", sagte sie, „oder am Wochenende." Doch er war schon weg. Sie machte eine wegwerfende Handbewegung und wollte schon mit den Augen rollen, als ihr etwas einfiel. Ihre Augen weiteten sich. Die braune Papiertüte!

Liane Wagner

Verschwunden 2

Die Erinnerung war weg, verschwunden,
wie Wolken, die sich nach dem Regen auflösen.

Der Duft von Maiglöckchen, glücklicher Tage,
verstreut, ein Scherbengeruch, marode Straßen.

Der Klang seiner Stimme, vermischt in der Menschenmenge,
und Schritte, die sich immer weiter entfernen.

Der Glanz vertrauter Gedanken war weg, verschwunden,
und ein eleganter Anzug verblasste im Schrank.

Das Leben, ein bunter Regenbogen,
kann jeden Tag erneut überraschen,
wenn er es zulässt und träumen kann.

Weil jede Erfahrung reicher macht,
wenn das Schicksal seine eigenen Wege geht
und er sein Ich wiederfindet.

Ein einziges Lied, ein neues Gefühl,
ein Silberfaden, dem er folgt
und die Erinnerung kehrt zurück!

Achim Blechschmidt

Der Mann mit dem Bowler

Verschwinde aus meinem Leben! Verschwinde. Aus. Meinem. Leben! Gleich. Sofort. Jetzt!

Ich erwachte. Was für ein verrückter Traum war das denn gewesen? Ich öffnete die Augen. Das Schlafzimmer war einigermaßen dunkel, wie es mit geöffnetem Fenster und leuchtender Straßenlaterne im Sommer überhaupt möglich war. Es musste noch mitten in der Nacht sein.

Ich drehte mich auf die Seite, um weiter zu schlafen und sah einen Mann am Fenster. Mein Puls jagte nach oben, schnürte mir den Hals zu. Schlagartig war ich hellwach. Ich wickelte das Laken einem Schutzpanzer gleich um mich und erstarrte. Der Mann am Fenster trug einen schwarzen Anzug, weißes Hemd mit schwarzer Krawatte und einen Bowler auf dem Kopf. Der kleine Dicke sah eigentlich gemütlich aus, nur schaute er mich reglos an. Grinsend. Gierig. Geifernd?

Ich wollte dem Ganzen ein Ende setzen, zum Fenster hetzen, um es zu schließen. Nur, ich schlief zum ersten Mal nackt. Der Mann schien meine Gedanken zu lesen, sein Gesicht wirkte noch gieriger. Er schien förmlich zu locken: ‚Nun komm schon, mein Fräulein, damit ich mehr von dir sehe.‘

Ich schloss die Augen. Ich konzentrierte mich auf das Atmen. Ruhig einatmen, ausatmen, einatmen, ausatmen, wie vor dem Einschlafen. Ich lauschte. Ein Motorradfahrer in der Ferne gab Gas. Das Rauschen der Autobahn. Ein Güterzug. Der kleine, schwarze Mann im geöffneten Fenster bewegte sich nicht. Ich hatte vielleicht Glück.

Ich sprang auf, überbrückte den Meter bis zum Fenster, schlug es im zweiten Nachfassen zu und verschloss es. Geschafft. Ich sah nur mich gespiegelt im Glas. Der Mann war weg. Aus dem dritten Stock einfach verschwunden! Wie konnte das sein? Ich schnappte nach Luft wie nach einem Sprint. „Verdammter Mist."

Ich zog mir etwas über. War er doch an mir vorbeigekommen? Ich suchte meine ganze Wohnung fieberhaft nach dem kleinen Mann ab. Im Badezimmer, in der Duschwanne. Niemand. In der Küche, alles an seinem vorgeschriebenen Platz. Nichts. Im Flur. Im Garderobenschrank. Alles wie immer. Ich vergewisserte mich. Die Wohnungstür war abgeschlossen, der Schlüssel steckte von innen, um 90 Grad gedreht. Wie jeden Tag seit dreizehn Jahren, drei Monaten und dreiundzwanzig Tagen. Im Wohnzimmer, die Falten in den Sofakissen exakt in der Mitte. Ich holte eine Taschenlampe aus dem Wohnzimmerschrank und leuchtete durch jedes Fenster nach draußen in die sommerliche Nacht. War das doch nur ein Traum gewesen? Das Schlafzimmerfenster war von außen definitiv nicht erreichbar. Kein Balkon, kein Sims. Sonst hätte ich niemals das Fenster offengelassen.

Die Dämmerung setzte ein. Ich wagte, das Schlafzimmerfenster wieder zu öffnen, eine leichte Kühle schwappte mir entgegen. Ich suchte mit dem Strahl der Taschenlampe mein Wohnhaus von außen ab. Links die Regenrinne. Rechts mein Küchenfenster. Nichts. Zweiter Stock. Erster Stock. Erdgeschoss. Vorgarten. Keine Leiter. Absolut nichts. Ich schaltete die Taschenlampe aus und schloss das Fenster. Ich schaute auf meinen Wecker. Diese Nacht war um 4 h 56 vorbei. „Mist."

Der Bäcker öffnete erst um 6 h 30. Ich legte mich also wieder ins Bett, schaltete die Nachttischlampe an und las in dem Buch *Die fantastischen Abenteuer des Pan Tau – Alle Geschichten in einem Band*. Lesen, na ja, die Wörter sprudelten in meinem Kopf, flossen hierhin und dorthin, setzten sich aber nirgends fest. Ich verstand nicht, was ich las. War mein abendlicher Lesestoff die Ursache für meinen... Traum gewesen?

Um 7 h 33 sollte ich dann erkennen. Pan Tau war es nicht.

Pünktlich um 6 h 45 betrat ich nach einem Mann mit Anzug und Krawatte die Bäckerei, reihte mich in die kurze Schlange ein. Die Freundliche und die Garstige bedienten heute Morgen und die Garstige würde den Mann bedienen, schön. Doch als ich bei der Freundlichen bestellen wollte, sah sie mich nicht an, sondern ging an mir vorüber und verschwand in die Backstube. Hatte sich ihr Mann, wie vor vier Wochen schon angedroht, jetzt doch von ihr getrennt? Und ich hatte sie damals noch scherzhaft gefragt, warum sie sich nicht vorher von ihrem Mann trenne, dann könne er sich nicht mehr von ihr trennen.

Also dann heute Morgen doch die Garstige. Der Mann zahlte seinen Café-to-go mit Schuss und ging. Die Garstige drehte sich links zum Backofen um und beobachtete die Backzeituhr. Noch zweiundzwanzig Sekunden.

„Also, ich hätte gerne zwei belegte...“

Auch bei der Garstigen keine Reaktion. Was war denn heute nur los?

Ich sprach lauter: „Hallo“. Mein Magen knurrte wie ein abgemagerter Höllenhund. „Ich hätte gern...“ Langsam wurde ich wütend, brüllte nun: „Zwei belegte...“

Nichts. Die Garstige ignorierte mich, öffnete die Backofentür. Der Ventilator drehte aus.

Die Automatiktür öffnete sich. Hinter dem ihr vorauseilenden Zigarettengestank schob sich die Raucherin aus dem Erdgeschoss mit ihrem Rollator und Sauerstoffgerät in den Laden hinein.

Die Freundliche kam zurück: „Wie immer?“ Sie lächelte wissend.

„Wie immer“, sprach die Raucherin mit heiserer Stimme. „Mit einem ordentlichen Extra-Schuss.“

Dann eben nicht. Ich wendete mich um, ging zur Automatiktür. Nichts. Erst als die Raucherin die Bäckerei verließ, öffnete sich die Tür. Ich schlüpfte mit hinaus.

Verdammt. Keiner hörte mir zu, und ich hatte Hunger. Mich packte jetzt vollends der Zorn. Ich wollte wieder in den Bäckerladen zurück, die Automatiktür öffnete sich jedoch abermals nicht für mich. Ich hob die Hand, wedelte vor dem Sensor mit der Hand hin und her. Nichts. Die rote LED-Leuchte blinkte schadenfroh vor sich hin. Der Ehebrecher vom ersten Stock rechts kam, sonst immer zum Flirten mit jedem Rock aufgelegt, doch diesmal rannte er mich fast um. Die Automatiktür öffnete sich für ihn, ich folgte ihm. Geduldig wartete ich, bis der Ehebrecher die Brötchen für sich und seine Geliebte oder für sich und seine Ehefrau, das wusste man nie so genau, bei der Freundlichen bezahlt hatte.

„Zwei Ei-Brötchen, sofort", raunzte ich die Freundliche an.

Nichts. War ich Luft?

Ich war Luft. Mein leerer Magen schrie. War es in meiner Not nicht gerechtfertigter Mundraub? Außerdem wollte ich ja auch bezahlen. Also keine Straftat. Bezahlen könnte ich auch noch beim Rausgehen. Ich ging hinter den Tresen, nahm mir ein Tablett, stellte einen Teller darauf. Die Garstige drängelte sich an mir vorbei. Ich legte zwei Ei-Brötchen auf den Teller, goss mir einen Filterkaffee in eine Tasse ein. Die Freundliche hätte mir fast die Tasse aus der Hand geschlagen, als sie zum Backofen ging. Ich schritt mit dem Tablett und meinem alltäglichen Frühstück darauf zu meinem Stammplatz in der Ecke.

Die Ei-Brötchen schmeckten heute nicht, pampige Brötchen, und der Filterkaffee war lauwarm, viel zu stark. Das Frühstück war keinen Cent wert. Trotzdem würde ich es bezahlen. Ich sah durch das Fenster. Es würde ein heißer Tag werden.

Ich ließ ein halbes Brötchen und dreiviertel des Kaffees unangetastet, stand auf und trug das Tablett zum Ablage-Rollwagen, schob es hinein. Ich trat an die Kasse: „Zwei pampige Ei-Brötchen und eine grottige Tasse Filterkaffee muss ich noch bezahlen."

Die Freundliche und die Garstige blickten nicht zu mir, setzten ihre Unterhaltung einfach fort. Die Freundliche hatte sich gestern doch von ihrem Ehemann getrennt, nicht er sich von ihr. Und sie war erleichtert, sich von dem kleinen Dicken endlich befreit zu haben.

Ihr Ex sei doch seit sage und schreibe sieben Monaten arbeitslos gewesen und trotzdem jeden Tag zum Friedhof, seiner ehemaligen Arbeitsstelle, gegangen. Die beiden scherzten über den pummeligen Widerling und seine schwarzen Hüte.

„Sagt nicht, dass ich euch beklaut habe. Ich habe versucht zu bezahlen. Ihr könnt mich mal."

An der Automatiktür wartete ich diesmal, bis der nächste Kunde kam und ging dann hinaus.

***

Draußen empfingen mich um 7 h 32 eine Wärme von 24 Grad Celsius sowie Frau Brettschneider aus dem ersten Stock links.

„Na, aus dem Urlaub zurück?", sagte ich. „ Habe Sie ja schon eine Ewigkeit nicht mehr gesehen."

„Frag dich mal lieber, warum wir beide miteinander sprechen können, wo dich sonst heute jeder und alles missachtet? Sogar die Automatiktür."

„Ich glaube nicht, Frau Brettschneider, dass wir uns duzen..."

Erst jetzt konnte ich unser Problem erahnen, in Worte fassen.

„Sie ... Du warst gar nicht im Urlaub, sondern verschwunden?"

„Unsichtbar, Carola. Unsichtbar für die Welt trifft es besser. Oder verflucht. Aber meinetwegen auch verschwunden. Und wie ich sehe, hat es dich heute Nacht auch ereilt."

„Pan Tau?"

„Kenne ich nicht. Bei mir stand plötzlich so ein kleiner Dicker im schwarzen Anzug, weißem Hemd, schwarzer Krawatte und Melone auf dem Kopf sowie Lederaktentasche unter dem Arm in meinem Büro und schrie: ‚Verschwinde aus meinem Leben! Verschwinde. Aus. Meinem. Leben! Gleich. Sofort. Jetzt!' Seitdem lebe ich in einer anderen Welt. Ich habe zwei Tage gebraucht, um zu erahnen, was mir widerfahren war. Jetzt sind vier Wochen vergangen und ich weiß immer noch keine Lösung, wie ich wieder in die richtige Welt zurückkomme." Die Information war ein Schock. Ich musste mich erstmal auf einen der Außenstühle der Bäckerei setzen. Keiner meiner wenigen Freunde konnte mir jetzt helfen, da ich für sie spurlos verschwunden war.

„Ich heiße Carola", sagte ich und hielt Frau Brettschneider die Hand hin.

„Ich bin die Cindy. Wo fangen wir an?"

„Gemeinsamkeiten. Wo liegen zwischen uns die Gemeinsamkeiten, dass uns derselbe Mann verflucht hat?"

Alter schied schon mal aus. Aussehen und Typ auch. Bildung und Beruf ebenso. Ich war Informatikerin, sie Sekretärin. Ich war seit zwanzig Jahren beim Staat beschäftigt, sie seit knapp sieben Monaten bei einem Beerdigungsinstitut. Herkunft und Wohnort konnten unterschiedlicher nicht sein. Sie kam vom Dorf, ich war in der Großstadt aufgewachsen. Sie wurde vor sechs Monaten meine Nachbarin, aber in unserem Mietshaus wohnte dieser schwarze Mann nicht. Das wussten wir beide.

Cindy resignierte: „Dann muss es Zufall sein. Wir werden nie wieder zurückkehren können."

Sie fing an zu weinen.

„An Zufälle glaube ich nicht. Alles ist mathematisch berechenbar. Die Ausgangsparameter müssen nur breit genug sein."

Wir gingen zu unserm Wohnhaus, überlegten, wie der Mann an mein Schlafzimmerfenster gekommen sein könnte. Die Dachbodenfenster lagen zu meinem Schlafzimmerfenster nicht günstig, um sich abzuseilen, aber möglich war es durchaus. Nur, der Dachboden war leer, staubig und letzte Nacht nicht für meine Verbannung genutzt worden. Im Vorgarten waren auch keine Spuren einer Leiter oder ähnlichem zu erkennen. Wieder nichts.

Im Anschluss gingen wir zum Bestattungsinstitut. Zumindest fanden wir bei Cindys Arbeitgeber heraus, wer der kleine, schwarze Mann war. Cindy hatte die Stelle dieses Mannes bekommen, weil der Arbeitgeber ihr weniger zahlen musste als ihm. Aber auch das schien schon wieder Geschichte zu sein, denn ein altmodisches Parfüm hing in ihrem Büro in der Luft. Mit seinem Namen Martin Müller konnten wir herzlich wenig anfangen.

Wir gingen zur Bäckerei zurück und setzten uns an einen Außentisch. Um 12 h 37 war ich mit meiner Logik am Ende. Die Automatiktür öffnete sich. Die Freundliche und die Garstige kamen heraus. Schichtende. Beide umarmten sich herzlich, wünschten sich noch einen schönen Tag und gingen in getrennten Richtungen davon. Die Garstige bog um die Ecke, verschwand aus meinem Blickfeld.

***

„Verschwinde aus meinem Leben! Verschwinde. Aus. Meinem. Leben! Gleich. Sofort. Jetzt!", hörte ich deutlich aus der Richtung, in der die Garstige verschwunden war. Wolken zogen auf, verdunkelten die Sonne. Wind setzte ein. Ein Gewitter drohte.

„Cindy, komm!"

Ich sprang hoch, rannte auf die Ecke zu, hinter der die Garstige verschwunden war. In der aufziehenden Dunkelheit stand sie da, rührte sich nicht. Regen setzte ein. Eine Sintflut. In der Ferne stolzierte ein kleiner dicker Mann im schwarzen Anzug und Bowler auf dem Kopf davon.

„Ich heiße Carola und hinter mir, das ist Cindy. Wir sind alle Leidensgenossinnen", rief ich der Garstigen zu. „Komm, wir müssen dem Mann hinterher, bevor wir ihn verlieren."

Die Garstige erwachte aus ihrer Lethargie, schaute kurz orientierungslos und rannte dann mit uns in die Dunkelheit hinein dem Mann hinterher. Ein Blitz zackte vom Himmel und erleuchtete den Mann vor uns, der nun in einem großen Luftballon zu schweben schien. Unsere Jagd endete schließlich im Vorgarten meines Miethauses. Dort stand in der blitzdurchzuckten Finsternis des Nachmittags ein mannshohes, rotes Zelt, ebenfalls von einer Blase umschlossen.

„Stopp", flüsterte ich meinen Mitstreiterinnen zu. Wir sahen in dem erleuchteten Zelt einen kleinen, dicken Mann mit Bowler auf dem Kopf tanzen und jubeln.

„Wir sind verflucht worden", erklärte ich der Garstigen, die sich als Catharina vorstellte. „Von diesem Mann dort."

„Dieser Mann dort ist der Ehemann meiner Kollegin Stefanie Müller, von dem sie sich gestern Abend getrennt. Sie hat ihn vor die Tür gesetzt, was ich ihr gestern Morgen geraten hatte."

Die Garstige stellte sich als freundliche Frau heraus, die auch in Magie und Fantasy belesen war, nur ab und an im Umgang mit Menschen so ihre Probleme hatte, wie sie erzählte.

Wir berieten uns, warfen all unser Wissen um Magie und Fantasy aus Büchern und Filmen in die Waagschale und schmiedeten einen Plan, um dem Fluch zu entkommen. Unsere Namen begannen alle mit einem C. Vielleicht half das? Vielleicht besaßen wir dadurch auch große Macht wie die drei berühmten Zauberschwestern?

***

Aus verschiedenen Richtungen näherten wir uns dem roten Zelt, drangen in die Zeltblase ein. Der kleine, dicke Mann im schwarzen Anzug, weißen Hemd und Bowler auf dem Kopf sah uns zornig an. Wir drei schlossen um ihn einen Kreis, fassten uns an den Händen und riefen gemeinsam im Chor: „Die Macht der Drei. Verschwinde aus unserem Leben! Verschwinde. Aus. Unserem. Leben! Gleich. Sofort. Jetzt!"

Die Worte schwirrten einem aufgeschreckten Vogelschwarm gleich in der Zeltblase wild umher, dellten hier und dort die Hülle ein, bis die Blase zerplatzte. Wir fielen zu Boden. Der Mann war verschwunden.

Die Sonne lachte vom Himmel. Es wurde noch ein schöner Tag. Und ich hatte zwei neue Schwestern fürs Leben gefunden.

Verena Maretzki

Ich komme über die Runden

Ich komme über die Runden.
Hab dich und das (schon) längst verwunden.
Mein Herz nicht länger angebunden
an die auf dich verwandten Stunden.
Den Schmerz abgebunden,
mich der Erinnerung entwunden.
Schorf nicht länger abgepult von den Wunden.
Dich zu den Akten gelegt wie einen Kunden.
Dein Lieblingskissen zerlegt von den Hunden.
Dein Smartphone versenkt in einem von den Sunden
wo sich unsere Hände|Lippen seinerzeit gefunden.
Gemeinsam verlegtes Laminat? Empfunden:
Das geht nicht.
Das muss raus.
Du musst raus.
Dabei die Knie zerschunden,
doch keines von den Kummerpfunden.
So wie das Tattoo von dir darin
bist nun auch du
verschwunden.

Marion Thal

Die rettende 43712

Die Suppe ist grün und riecht nach drei. Susanne sitzt Robert gegenüber. Vor ihr steht die Suppe. Er hat sich einen grünen Salat bestellt.

Susanne kennt Robert seit ungefähr fünf Wochen. Sie haben sich über ein Dating-Portal kennengelernt. Es ist das berühmte dritte Date. Heute würden sich Robert und Susanne zum Abschied küssen. Aber nun stinkt diese verdammte, grüne Suppe nach einer Drei.

Susanne riecht besser als andere Menschen. Sie wittert alles. Sie verbindet Gerüche mit Erlebnissen. Wenn ein Duft eine Erinnerung weckt, dann lähmt dieser Rückblick Susannes Gedanken. Das Nacherleben überflutet ihr Bewusstsein, als treibe sie im Meer und tosende Wellen umspülten sie, brächen über ihr und verschlängen sie.

Sie hat deshalb ein System entwickelt, um Gerüche von Erinnerungen zu trennen. Susanne packt die Erlebnisse in kleine, schwarze Behälter. Sie haben die Form eines Zylinders, wie Filmdosen, die es zu einer Zeit gab, als Fotos entwickelt und nicht gespeichert wurden. Susanne drückt den Deckel fest auf die Dose. Mit einem Plopp fügt sich der Deckel in die Öffnung. Sie schreibt auf ein kleines, weißes Etikett eine Nummer, unter der sie den Duft registriert. Dann klebt sie das Etikett auf die Dose. Sie versiegelt es mit einem breiten, farblosen Klebeband. Susanne stellt die Dose in ihr Geruchs-Erinnerungs-Archiv, ein dunkler Kellerraum mit schmutzigen, grauen

Wänden. Die Tür ist aus Stahl, sodass im Falle eines Feuers das Archiv geschützt ist. Im Kellerraum stehen hunderte von Regalen. Wenn die Gestelle mit Geruchs-Erinnerungsdosen gefüllt sind, stellt Susanne beliebig viele hinzu. Der Kellerraum ist unendlich groß und bietet Platz für alle Duftnoten dieser Welt.

Susanne archiviert die Gerüche und kommt in dieser Welt zurecht. Meistens zumindest. Heute nicht.

Der Muff der Drei kriecht ihre Nasenwände herauf. Er haftet sich an ihren Nasenhaare fest. Sie schnaubt aus. Der Mief klebt an ihr wie ein Kaugummi im Haar. Je mehr man versucht es zu entfernen, umso größer wird das chaotische Knäuel aus Haaren und Kaugummi. Der Gestank windet sich in und durch ihr Gehirn und klopft an die metallische Tür des Archivs. Er sucht sich den Weg zur Dose Drei, umschließt sie wie ein Schlange, die ihre Beute erwürgt. Die Drei zieht die Schlinge zu, presst und quetscht den zarten Behälter. Er explodiert mit einem dunklen, dumpfen Knall und setzt ein Brand der Erinnerungen frei, unkontrollierbar und gefährlich.

Susanne spazierte mit ihren Eltern durch die Moore des Steinhuder Meers. Die Tage zuvor hatte es geregnet und das Moor roch erdig und schwer. Susanne sprang fröhlich über einen Holzsteg. Die Dielen waren feucht und glitschig. Das grüne Moos verwandelte die Brücke in eine Eisbahn. Susanne rutschte mit ihren grün-schwarz gepunkteten Gummistiefeln aus und schlitterte von der Brücke in das schlammige Moor. Sie hob den Kopf aus dem trüben Wasser. Ihre Harre klebten an ihrer Stirn und den Wangen. Dreckige Spritzer überzogen ihr Gesicht. Eine Schmeißfliege setzte sich auf Susannes Mundwinkel und saugte mit dem langen Rüssel an Susannes Haut. Das Kind schlug um sich. Mit jedem Schlag schienen mehr Fliegen sich auf sie zu stürzen, um sie mit dem penetranten Surren zu quälen. Sie setzten sich auf das Mädchen, spukten es an, um sie dann zu verdauen. Susanne schrie ihre Panik aus dem weit geöffneten Mund mit einem hellen, quietschenden Ton heraus. Das braune, faulige Wasser schwappte in ihren Mund.

Ihr Vater hob sie aus dem Wasser. Ihre Kleidung war nass und dreckig und klebte kalt an Susannes Haut. Der Vater drückte das Mädchen nicht an sich. Er flüsterte zart mit ruhiger und sonorer Stimme: „Es ist vorbei, Susannchen, ich habe dich gerettet!" Der Vater verstand gar nichts. Der Gestank des Moors verblieb in ihrer Nase wie hart gewordener Pobel. Kein Wort der Welt konnte ihn entfernen.

Susanne hat schon lange nicht mehr an diese Episode ihrer Kindheit gedacht. Ausgerechnet heute wird die Nummer Drei geöffnet, beim dritten Date mit Robert!

Susanne hatte zuvor nie ein drittes Date gewollt. Männer riechen zumeist nach Staub und Zwiebeln. Deshalb entschloss sich Susanne, es mit einem Dating-Portal zu versuchen. Sie meldete sich mit dem Nick-Name „so klar wie Wasser" an. Es bereitete ihr Mühe, den Typisierungsbogen auszufüllen. Auf der einen Seite wollte sie jemanden kennenlernen, der wirklich zu ihr passt. Auf der anderen Seite wurden ihr ihre Verrücktheiten mit jeder Frage bewusster. Sie blieb ehrlich. Der einzige Vorschlag, der auf Basis eines Algorithmus aus der Unergründlichkeit des Portals erwuchs, war Robert.

Sich mit Robert zu treffen war wunderbar. Beim ersten Date roch Susanne nichts Unangenehmes. Beim zweiten Date umarmten sie sich zum Abschied. Robert verzichtete auf After-Shave. Das gefiel Susanne. Sie saugte Roberts puren Duft gierig ein. Er roch wie ein Sommer am Meer. Salzig und gleichzeitig frisch. Sie stand plötzlich auf warmen Sand und wühlte ihre Zehen tief hinein. Sie spürte die leicht kalte und nasse Schicht darunter. Der Wind zerzauste ihr Haar und liebkoste zart ihre Wangen. Die Sonne wärmte ihre Haut.

Roberts Duft war perfekt und erhielt die Nummer 103789.

Und jetzt riecht die Suppe nach Drei.
Susanne kriecht die Panik den Nacken entlang. Schweiß bildet sich auf ihrer Stirn und unter ihren Armen. Ihre Hände werden kalt und die Haut über ihren Lippen weiß. Ihr Herz schlägt schneller als gewöhnlich und springt heftig gegen ihren Brustkorb. Eine Ader auf ihrer Stirn schwillt an und zeichnet eine Linie von der Augenbraue zum Haaransatz. Ein Schauer überzieht ihren Körper. Obwohl sie schwitzt, friert sie erbärmlich. Ihre Hände fangen an zu zittern. Gleich wird die Erinnerung ihre Sinne vernebeln. Sie ist dann nicht mehr in der Lage, ein vernünftiges Wort mit Robert zu wechseln. Die Enttäuschung treibt ihr die Tränen in die Augen. Sie blickt zu Robert auf und sieht ihn verschwommen durch einen Schleier. Er ähnelt Edvard Munchs Schrei. Gleich wird er aufstehen und das Lokal verlassen, weil sie wie ein Psycho bei der Drei ausflippt.

Da läuft ein Mann an ihrem Tisch vorbei. Hinter ihm tänzelt eine leichte Fahne seines Aromas. Lockend und lachend kitzelt der Duft Susannes Nasenlöcher. Die 43712 ist der Duft einer Wanderung entlang einer Klamm. Sie liebt Wanderungen entlang sich windender Gebirgsbäche. In der Klamm roch es nach Wasser und Fels. Kleine Wasserfälle stießen immer wieder auf den harten Stein. Der Bach zerstäubte aufgrund der Gewalt beim Aufprall. Mit den Jahren schlug das Wasser tiefe Furchen in das Massiv. Wassernebel filterte Staub und Pollen aus der Luft und legte sich auf Susannes Haut. Sie bekam eine Gänsehaut, die wohlig ihren ganzen Körper erfasste. Später verwöhnte die Süße kleiner, blauer Gebirgsblumen Susannes Sinne. Sie wuchsen auf purem Stein. Die Blätter waren hart und unnachgiebig. Susanne wunderte sich, dass sich Blumen auf nacktem Fels zu solcher Schönheit entfalteten. Kleine Eidechsen sonnten sich und stoben erschrocken davon, als sich Susanne mit festem Schritt näherte.

Sie inhaliert tief und lange den Duft des unbekannten Mannes. Die 43712 sucht zielstrebig die Aromen der Drei, schmiegt sich zärtlich an sie, ummantelt sie und verkapselt den Gestank des nassen Moors. Susannes Gedanken klaren auf wie das feine Wasser der Klamm. Ihre Haut wird warm und rosig. In Gedanken an die Wanderung fühlt sie eine freudige Leichtigkeit in sich aufsteigen. Sie steigt aus ihrem Bauch in ihr Herz und verteilt sich von da in ihre Gliedmaßen. Ihre Hände werden ruhig und gelassen. Sie schaut Robert an. Seine Augen sind leicht geweitet und die Augenbrauen erhoben. Auf seiner Stirn kräuseln sich Falten. Sein Mund ist zu einem runden O geöffnet. Er sieht erschrocken aus, vielleicht auch ein bisschen ängstlich.

„Die Suppe riecht nach drei", sagt Susanne, „die kann ich nicht essen!" Robert fängt an zu lächeln. Um seine Augen zieht sich ein feines Netz Lachfalten. In seinen Wangen wölben sich freche Grübchen. Er spitzt seinen Mund und pustet leicht, als falle von ihm eine Last ab. Sein Atem riecht nach Angst und Freude gleichzeitig. Er strafft seine Schultern und seine Brust wölbt sich zufrieden Susanne entgegen. Er legt seine Hände behutsam neben den Teller und weist mit den Fingerspitzen auf sein Mahl. „Dann nimm doch den Salat, der riecht nach 812!"

Frauke Witte

Das Wort zum Sonntag

Eva will nicht mehr im Garten Eden
mit Adam allein zusammenleben.
Ihnen geht es gut,
in ihr tobt viel Mut,
drum geht sie ihrem Mann entgegen.

Eva reicht Adam eine Schale Wasser
Ihre Handflächen werden nasser:
Ich will ein Kind von dir,
nichts sehnlicher wünsch ich mir.
Sieht sein Gesicht wird gleich blasser.

Adam nimmt die Schale an.
Sein Hirn läuft heiß sodann.
Am Wasser will ich nippen.
Die Stimmung wird gleich kippen.
Doch ich bin hier der Mann:

Wir beide haben doch so viel
und schaut über den Garten bis zum Nil.
Grenzenloses Grün,
tausend Pflanzen blühn,
unser Leben ist ein Kinderspiel.

Eva greift die leere Schale
Adam ist nicht der Ideale
Traurig, dass sie nicht später lebe,
wo es Alternativen gäbe.
Statt Randale zieht sies ins Banale.

Bitte, Adam, ein, zwei Söhne,
sehn aus wie du, richtig Schöne.
Kain und Abel wollen wir sie nennen,
dann würden wir mehr Leute kennen.
Ein wenig Arbeit, die sich löhne.
Und ob ich dich dabei verwöhne.

Eva reicht Adam ein Stück Obst.
Adam denkt sich, auch wenn du mich lobst,
ich lieb mein Dasein im Stillen
weitaus mehr als deinen Willen.
Keine zweite Rippe, auch wenn du tobst.

Adam spricht: Erst kommt die Ernte.
Hoffend, dass sich Evas Wunsch damit entfernte.
Es war einfach, bevor ich Eva kennenlernte
und nur Sonnenlicht mich wärmte.
Er biss in den Apfel in seiner Hand,
worauf der Sonnenschein verschwand.

Mit Donnerwetter werden sie vertrieben.
Kein Heim und kein Garten sind ihnen geblieben.
Adam denkt sich ganz verzagt:
Gottseidank, das Gespräch mit Eva ist vertagt.

Paul Schüler

Habe Angst

Der Junge hat den dürren Mann zuerst nicht bemerkt. Nach 50 Bahnen – heute mit nur zwei kurzen Pausen – fühlen sich seine Bewegungen an, als wären sie automatisiert. Er zieht die graue Badehose aus, lässt sie auf den Kachelboden klatschen und schlägt mit der flachen Hand auf den Edelstahlknopf vor ihm. Dann dreht er sich um, schließt die Augen, legt den Kopf in den Nacken. Das Wasser prasselt ihm ins Gesicht und prickelt auf der Haut. Milchige Schwaden steigen vom hellgrün gekachelten Boden auf.

Da ist ein Geräusch. Es passt nicht zum Kinderlachen, das gedämpft aus der Schwimmhalle herüberweht. Es ist nicht das Rauschen des Wassers. Der Junge blickt sich um. Er kann niemanden sehen. Im Duschraum der Männer gibt es drei Kabinen nebeneinander, die an einer Seite offen sind. Der Junge beugt sich nach unten, blickt unter den Trennwänden der Kabinen hindurch und sieht zwei dürre Beine. Dort ist jemand.

Wieder hört der Junge das Geräusch. Er ist sich sicher, dass es aus der Kabine kommt. Er schleicht hinüber und schaut hinein. Ein dürrer Mann steht dort unter der Dusche. Eine Hand steckt in einem blauen Waschlappen, mit dem er sich einseift. Das lange, gelockte Haar klebt auf seinen Schultern. Der Junge hat ihn im Schwimmbecken nicht gesehen. Der Mann starrt ihn an, als hätte er ein Gespenst gesehen.

Der Mann sagt etwas. Der Junge meint, seinen Namen zu verstehen. „Was meinen Sie? Kann ich Ihnen helfen?"

„Habe Angst", sagt der Mann. Er vernuschelt die Konsonanten.

„Angst, wovor denn?", fragt der Junge.

„Habe Mist gebaut", sagt der Mann und fährt fort sich einzuseifen.

Der Junge zögert, dann dreht er sich um und läuft zu seiner Dusche zurück. Er betätigt den Edelstahlknopf, das Rauschen des Wassers übertönt die Worte aus der Kabine. Als er sich abtrocknet und den Duschraum verlässt, starrt der dürre Mann ihn wieder an. „Habe Angst."

Der Junge nickt und lächelt.

In der Sammelumkleide trifft er den Mann wieder. Der presst sein Handtuch an die Brust. Seine Augen huschen hin und her. Abrupt wirft er den Kopf herum, blickt über seine Schulter. Dann reiht er seine Kleidungsstücke nebeneinander auf der Sitzbank auf und streift eines nach dem anderen über. „Habe Mist gebaut."

Der Junge fragt: „Kann ich Ihnen helfen?"

Der dürre Mann sieht ihn nicht an. „Habe Angst. Habe Mist gebaut."

Vor dem Schwimmbad lehnt der Junge im Schatten an einem Holzzaun und raucht eine Zigarette. Die Hitze beißt auf der Haut. Die schwarze Masse, mit der man die Fugen und Risse des Gehwegs verfüllt hat, ist weich geworden und stinkt. Er tritt hinein und betrachtet den Abdruck seiner Sportschuhsohle.

„Habe Angst", hört er den dürren Mann sagen. Er ist aus der Schwimmhalle gekommen und eilt vornüber gebeugt die Straße entlang. Seine Locken wehen im Wind. Der Junge folgt ihm. Er gibt sich keine große Mühe, unbemerkt zu bleiben. Der dürre Mann blickt sich um, über die linke Schulter, dann über die rechte. Sie gehen eine Allee entlang, biegen dann in eine Einbahnstraße ein. Schließlich bleibt der dürre Mann vor einem Hauseingang stehen. Als der Junge näher kommt, dreht sich der Mann um und starrt ihn an. Schweiß glänzt auf seiner Stirn, eine Strähne steht wirr von seinem Kopf ab. „Habe Mist gebaut."

„Ich komme mit hoch, ja?", fragt der Junge. Der Mann verschwindet im Hauseingang. Der Junge lässt ihm ein paar Sekunden Vorsprung, dann folgt er. Im Treppenhaus ist es kühler. Der Junge schleicht die Stufen hinauf. Im dritten Stock steht eine Wohnungstür offen.

Der Junge sieht einen Flur, in den kaum Licht fällt. Zwischen den Dielen steckt Staub. Kleine weiß-schwarze Flecken sprenkeln den Boden. An der rechten Wand stehen ordentlich aufgereiht ein Paar Sandalen, drei Paar bunte kleine Turnschuhe und ein Paar hoher schwarzer Gummistiefel mit grobem Profil.
„Hallo?", ruft der Junge, während er die Wohnung betritt. Ein strenger Geruch liegt in der Luft. Im Flur spürt er, wie die Dielen unter seinen Schritten federn. Links liegt die Küche. Auf der Fensterbank thront ein Vogelkäfig. Die Gittertür steht offen. Am Ausfluss der Trinkflasche, die kopfüber an den dünnen Gitterstäben hängt, hat sich ein Tropfen gebildet.
Der Junge geht weiter. Sonnenlicht fällt auf die Dielen. Er betritt einen Raum, in dem ein dunkelbraunes Sofa steht. Auf dem Tisch davor liegen Sonnenblumenkerne, in der Vase welkt ein Blumenstrauß. Bücher stapeln sich an den Wänden. In der Ecke steht ein verstaubtes Klavier. Der dürre Mann beugt sich aus dem weit geöffneten Fenster und blickt sich um, nach rechts, nach links, nach oben. Er streckt eine Hand hinaus. Auf der Handfläche liegen Sonnenblumenkerne. „Habe Angst. Habe Mist gebaut."

Frauke Witte

Hartmut und Gerlinde

Frauen und Männer zusammen sind die reinste Zirkusnummer. Aber ohne Applaus.

Statt dicke Luft in der Manege wäre ich gerne mal ans Meer gefahren. Nein, ist nicht, wieder nach Pfronten. Hoch droben auf den Bergen fühlst du dich Gott am nächsten. Damit habe ich dir einen Gefallen getan. Wir sind quitt. Weitere Grenzerfahrungen will ich gar nicht sammeln. Mein Leben geht weiter! Ich werde Feste feiern! Die Liebe leben!

Ruhe sanft mein lieber Hartmut. Deine Gerlinde muss jetzt gehen. Zu doof deine Verwechslung der Pillen, einfach doof. Jetzt kann ich es dir ja beichten, die Verpackungen habe ich vertauscht. Ich hatte stets große Erwartungen an deine Aufmerksamkeit. Vergeblich. Nein, komm mir nicht so, kleine Morde unter Freunden. Die Tabletten hast du selbst geschluckt. Ich musste viel zu lang einiges schlucken und hab mich immer wieder gefragt, wofür ich bestraft werden soll.

Hartmut, wieso zitterst du? Was soll denn das? Immer deine Unzuverlässigkeit!

Hartmut reißt die Augen auf und röchelt. Doch Gerlinde ist verschwunden.

Liane Wagner

Hotel „Die Schmuckschatulle"

Die Schneiders, ein Architektenpaar aus Hannover, wählten für ihren dritten Hochzeitstag eine Reise nach Stuttgart, Tübingen und Umgebung. Freunde machten sie auf das Hotel „Die Schmuckschatulle" in Ellwangen aufmerksam, eine kleine mittelalterliche Stadt am Rande der Schwäbischen Alb, unweit der Wallfahrtskirche am Schönenberg, ohne die Geschichte der Schatulle zu erwähnen. Neugierig machten sich die Schneiders auf den Weg.

Gegen Abend erreichten sie das Hotel. Als sie sich bei der Rezeption anmelden wollten, erschien die Hoteldirektorin persönlich im Foyer und begrüßte die neuen Gäste. Sie überreichte den Schneiders den Zimmerschlüssel mit dem Hinweis: „Sie bekommen heute die Hochzeitssuite."

Die Schneiders sahen die Frau überrascht an.

„Ihre Freunde haben mich informiert, dass Sie Ihren dritten Hochzeitstag bei uns feiern", sagte die Hoteldirektorin. „Deshalb möchte ich Ihnen dieses besondere Geschenk machen. Zudem möchte ich Sie zu einer Feier einladen. Unser Hotel wird morgen 100 Jahre alt. Es gibt Champagner und Russischen Kaviar."

Die Schneiders nahmen den Zimmerschlüssel freudig entgegen und ließen sich von der Hoteldirektorin persönlich zur Suite begleiten. Die Eleganz und der Komfort der Suite waren nicht zu übersehen. An der Wand rechts entdeckten sie eine Nussbaumholz-Vitrine mit einer Schmuckschatulle aus dem 19. Jahrhundert, an die eine kleine Karte gelehnt war: „Ein Geschenk der russischen Prinzessin Olga Nikolajewa Romanowa an meine Urgroßmutter, Eliane Wald, Poetin zu Ellwangen", stand darauf. Das Ehepaar wollte mehr über die Schmuckschatulle erfahren und bat die Hoteldirektorin am Abend, ihnen mehr darüber zu berichten. Bereitwillig erzählte sie ihnen die unglaubliche Geschichte ihrer Urgroßmutter Eliane Wald.

„Es war Mitte April 1840, als die Zarentochter Olga Nikolajewa ihre Kammerdienerin zu sich bestellte und ihr den Auftrag gab, dem Kutscher Bescheid zu geben, dass sie die Absicht habe, noch am selben Morgen zu verreisen. Dafür solle er die fünf Hengste, zwei weiße, zwei schwarze und ihr Lieblingspferd Prinz, ein rassiger Brauner, der aus England stammte, für die bevorstehende Reise an die Kutsche anspannen. Die junge Prinzessin war gerade achtzehn Jahre alt geworden und ihr Vater, Zar Nikolaus I, hatte ihr dieses schlanke und agile Tier geschenkt.

Die russische Prinzessin war bekannt für ihren Freiheitssinn und für ihren Respekt und die Liebe zur orthodoxen Kirche. Schon vor längerer Zeit hatte Olga entschieden, mit achtzehn Jahren eine Reise zur „Wallfahrtskirche am Schönenberg", an den Rand der Schwäbischen Alb, zu unternehmen. Und jetzt war es soweit. Gemeinsam mit ihrer Zofe Natascha hatte sie die notwendigsten Sachen für diese Reise eingepackt. Dazu gehörte auch eine kleine Schmuckschatulle, die sie von ihrer Großmutter geerbt hatte. In der Schatulle befand sich ihr kleines Gebetbuch und ein Kreuz aus Olivenholz aus Bethlehem, dem Geburtsort Jesu Christi. Ihr Großvater hatte dieses Kreuz in seiner Jugend von einer weiten Reise ins Heilige Land mitgebracht.

Über die Reise Olgas zur Schwäbischen Alb ist nicht viel bekannt, eines blieb aber den kommenden Generationen deutlich in Erinnerung: Olga machte bei ihrem Besuch der Kirche am Schönenberg die Bekanntschaft einer jungen Frau, einer Poetin mit dem Namen Eliane. Diese Frau hatte mit ihren Gedichten die russische Prinzessin außerordentlich berührt. Als Ausdruck ihrer Bewunderung schenkte sie Eliane die Schmuckschatulle samt Kreuz. Man erzählt sich bis heute, dass diese Nachricht am Hofe des Zaren zu vielen Spekulationen führte."

Die Hoteldirektorin schwieg für einen Moment, dann fuhr sie fort: „Nachdem meine Urgroßmutter diese wunderbare Schmuckschatulle samt Kreuz geschenkt bekommen hatte, wählte sie die große Vitrine ihres Elternhauses als Ehrenplatz aus. Dort konnten ihre Sonntagsgäste sie bewundern.

Als 1945 Ellwangen von den Alliierten Truppen angegriffen und zerbombt wurde, mussten die Bewohner ihre Häuser ohne Hab und Gut verlassen. Tage später standen die Familie Elianes und viele andere Familien vor den Trümmerbergen ihrer ehemaligen Existenz. Keiner dachte mehr an die Schatulle, alle waren nur froh, dass sie noch am Leben waren. Meine Großmutter erzählte mir die Geschichte oft, und so fing ich an, über diese Schmuckschatulle mit dem Kreuz nachzudenken.

Vor etwa 20 Jahren, besuchte ich mit meiner Familie die Insel Sylt. Wir wollten dort einige Tage verbringen und mit den Fahrrädern die Insel erkunden. Auf unserer Tour entdeckte ich unweit vom Strand einen kleinen Flohmarkt. Seit meiner Kindheit habe ich eine Schwäche für solche Märkte. Es gibt stets Schönes, Bizarres oder Rares zu entdecken. Ich sagte meiner Familie, dass sie mich eine Stunde später vom Markt abholen sollten, denn ich spürte, dass ich dort alleine mehr Freude haben würde.

Es war nicht schwer, mir diesen Wunsch zu erfüllen, da sowohl mein Mann, als auch die Kinder keine Lust auf ‚alten Kram', wie sie das nannten, hatten. Ich schlenderte von Tisch zu Tisch und blieb in Ruhe an jedem einzelnen Stand stehen.

Die vereinbarte Stunde neigte sich zu Ende, aber ich war mit dem Schauen, Stöbern und Entdecken nicht zum Ende gekommen. Es waren noch fünf Tische, wenn ich mich richtig erinnere, die ich mir ansehen wollte. Am vorletzten Tisch saß ein älterer Mann im blauem Overall auf einem Stuhl und lächelte mich an.

‚Haben Sie für mich etwas Schönes oder Besonderes?', platzte es aus mir heraus. Der Mann antwortete: ‚Ja, in der Tat! Ich habe etwas ganz Besonderes für Sie, etwas mit einer unglaublichen Geschichte.' Der Mann öffnete seinen Rucksack und holte ganz vorsichtig einen Schuhkarton heraus. In eine alte Zeitung, Jahrgang 1945, eingepackt, kam eine Schmuckschatulle zum Vorschein. Sie hatte trotz der vergangenen Jahre ihren Glanz und ihren einzigartigen Duft nicht verloren. Sie roch noch immer nach Olivenholz. Ich nahm sie in meine Hand, öffnete vorsichtig den Deckel und wunderte mich über den Inhalt. Drinnen lag ein kleines Kreuz aus Olivenholz, mit der Aufschrift Bethlehem. Neben dem Kreuz lag ein dünnes, etwas vergilbtes Papier. Darauf stand in verblassten verschnörkelten Buchstaben geschrieben: ‚Für meine Freundin Eliane, Poetin zu Ellwangen, in Erinnerung an Prinzessin Olga Nikolajewa Romanowa.' Mein Herz fing an, schnell zu klopfen. Es wollte fast aus meiner Brust herausspringen. Ich war gerührt, da ich diese Geschichte von meiner Großmutter kannte und wusste, dass diese Schatulle die verschwundene Schatulle meiner Urgroßmutter war. Der Mann bemerkte meine Aufregung, konnte aber nicht den wahren Grund wissen und entschied sich, mir seinen Teil der Geschichte zu erzählen.

Es stellte sich heraus, dass er mit seiner Familie während des Krieges aus Schlesien geflüchtet war und in den Trümmern der Stadt Ellwangen gespielt hatte, wo er mit seinen Eltern ganz in der Nähe unseres Hauses einquartiert war. Unter den schweren Trümmersteinen fand er diesen Schuhkarton mit dem Inhalt, und wusste sofort, dass das etwas ganz Besonderes war, das gerettet werden musste. Er nahm den Karton zu sich und fand in all den Jahren einen guten Platz dafür. Jetzt war aus dem Jungen ein alter Mann geworden, dem es finanziell nicht gut ging. Deshalb hatte er den Entschluss gefasst, sich von seinem Schatz zu trennen. Seit Wochen kam er auf den Flohmarkt, aber nie hatte er den richtigen Käufer für die Schatulle gefunden, und somit auch niemandem gezeigt. Eine innere Stimme habe ihm jedes Mal gesagt, die Richtige sei noch nicht gekommen. Mich aber hat der alte Mann gleich in sein Herz geschlossen und mir wollte er diese Schatulle verkaufen. Als ich nach dem Preis fragte, verlangte er ganz bescheiden zwanzig Euro. Ich gab ihm zweihundert Euro und versprach ihm, die Schatulle in Ehren zu halten.

Heute, fast hundert Jahre später, steht nun die Schatulle hier in dieser Vitrine in der Hochzeitssuite unseres Hotels *Die Schmuckschatulle* im Ellwangen. Ich glaube, dass sie den Gästen, die in dieser Suite übernachten, Glück bringt", sagte die Hoteldirektorin und lächelte. Anschließend verabschiedete sie sich mit den Worten: „Bis morgen. Ich erwarte Sie zur Feier!"

Die Schneiders waren von der Geschichte bezaubert und hätten gerne noch einige Fragen gestellt, waren aber zu müde. Erschöpft schliefen sie in einem Doppelbett mit Baldachin und Lavendelkissen ein.

Die Geschichte dieser früheren Begegnung der schwäbischen Poetin Eliane mit der russischen Prinzessin Olga, die später auch Königin von Württemberg wurde, wird jedem Hotelgast, der die Hochzeitssuite reserviert hat und die verschwundene und wiedergefundene Schmuckschatulle in der Vitrine der Suite bewundert, auf Wunsch erzählt.

Magnus Wenning

Liebe auf Distanz

Die Klimaanlage war defekt, es war stickig und heiß im Zug, der von Uelzen nach Bienenbüttel fuhr. Die wenigen Fahrgäste dösten, blätterten in Büchern und Heften, kaum jemand sprach ein Wort. Zwei Reihen hinter mir dudelte ein Walkman.

Bereits im Mai war es warm gewesen. Die meisten Abende verbrachten wir in der Eisdiele. Noch vor dem Beginn der großen Ferien wurde die Wärme für mich unerträglich, die Schulstunden krochen zäh voran. Anna machte die Hitze nichts aus, im Gegenteil, wie ein Reptil schien sie aus ihr Energie zu tanken, aufzuatmen. Wenn wir Eis aßen, wurde ich immer matter, konnte kaum denken, antwortete auf ihre Fragen kurz und einsilbig und war froh, wenn wir einfach nur Händchen hielten.

Dann, als die großen Ferien da waren, brachten einige Regenschauer etwas Abkühlung. Endlich spürte ich nicht mehr den gesellschaftlichen Druck, mich draußen zu verabreden, um das schöne Wetter zu nutzen, sondern konnte am Computer sitzen, konnte mit Jagged Alliance 2 beginnen. Aber nur für ein paar Tage, dann kehrte die Hitze zurück, unerträglicher als zuvor.

Die großen Ferien! Vielleicht die letzten meines Lebens, nach ihnen begann die dreizehnte Klasse, das Abitur und dann der Ernst des Lebens.

Die letzten großen Ferien und Anna war nicht da. Sie fuhr wie jedes Jahr mit ihren Eltern nach Neapel, sechs Wochen lang, ihr Cousin heiratete. Hätte ich mitfahren können? Wir hatten nie darüber gesprochen, nicht in der Eisdiele, nicht im Schwimmbad, nicht im Park. Ich wusste nicht einmal, ob sie ihren Eltern erzählt hatte, dass wir zusammen waren, und manchmal, wenn wir in den letzten Tagen zusammen abhingen, war ich mir selbst nicht sicher, ob wir es waren.

Meine Eltern wollten in den Schwarzwald. Als sie mir das sagten, erklärte ich sofort: ohne mich. Schwarzwald, spießiger ging es nicht mehr.

„Was willst du denn machen?", fragte meine Mama. Ich zuckte mit den Schultern: „Ich bleib hier. Kümmere mich um Haus und Garten."

Meine Mama schüttelte den Kopf: „Von wegen! Den ganzen Tag Computer spielen und Fertigpizza essen."

Mein Gesicht verriet mich: Tatsächlich hatte meine Planung in etwa so ausgesehen.

Schließlich reiste ich noch am selben Sonntag, an dem meine Eltern mit einem vollbepackten Auto in den Schwarzwald düsten, zu meiner Tante nach Bienenbüttel.

Und da saß ich nun, an einem der heißesten Tage seit Menschengedenken in einem Zug ohne Klimaanlage.

Am Bahnhof holte meine Tante mich ab. Sie war schon über vierzig, trug glatte, nachtschwarze Haare mit einer blauen Strähne und weite Kleider in verschiedenen Blautönen. Sie verströmte einen angenehmen Duft nach Lavendel, als sie mich an sich drückte. Sie führte mich zu ihrem staubbedeckten, lilafarbenen Ford Escort, öffnete den Kofferraum und zwängte meinen Rucksack zwischen Werkzeug und Decken, hielt mir dann die Beifahrertür auf und kehrte mit einer Hand einige Krümel vom Sitz. Wir stiegen ein, die Hitze im Auto war brutal, gepaart mit einem würzigen Duft nach Erde und reifen Erdbeeren, von denen ein großer Eimer auf der Rückbank stand. Langsam fuhr meine Tante dann die wenigen hundert Meter zu ihrer Pension am Ortseingang, stellte den Wagen vor der Scheune ab. Die Pension war ein altes Fachwerkhaus aus roten Klinkern, drei Stockwerke hoch, gedeckt mit hellroten Pfannen, die so unruhig auf dem Dach lagen, dass ich befürchtete, sie würden beim nächsten Sturm heruntergeweht werden. (Tatsächlich hielten sie sich da oben bereits seit vielen Jahren). Die Wände des Hauses neigten sich leicht nach innen, als würden sie sich gegenseitig Halt geben. Zur Straße war der Garten durch einen grünen Lattenzaun abgetrennt. Vor dem Haus standen zwei große, uralte Eichen. Dazwischen lagen von Buchsbaum eingefasst Blumenbeete und braune, vertrocknete Rasenflächen voller Eicheln.

Ein Schild mit der Aufschrift „Meiers Frühstückspension, ganzjährig geöffnet" hing neben der Eingangstür, darunter der Hinweis, dass noch Zimmer frei waren und ganz unten ein Schild, dass man auch ayurvedische Öle und Seifen kaufen konnte.

Ein weißgetünchter Flur führte ins Haus. Die Wände waren mit einigen Aquarellen meiner Tante geschmückt. Es war still und kühl im Flur. Ich lehnte mich an eine der nackten Wände und nahm die Kühle des Mauerwerkes in mich auf.

„Richte dich erst einmal oben in deinem Zimmer ein", sagte meine Tante. Ich zog meine Schuhe aus, schulterte meine Gepäck und stieg die abgetretenen Treppenstufen hinauf. Im ersten Obergeschoß war es warm, im zweiten stickig, die Luft in meiner Dachbodenkammer unerträglich. Ich stellte den Rucksack in eine Ecke, riss das einzige Dachfenster auf, aber es strömt nur weitere heiße Luft ins Zimmer. Ich öffnete meinen Rucksack, nahm meine Kulturtasche heraus. Es gab ein Waschbecken in dem Zimmer, darüber einen Spiegel, aber kein Klo und keine Dusche. Ich hängte meine Kulturtasche an einen Haken. Dann holte ich meine Schulbücher aus dem Rucksack, klappte den kleinen Tisch an der Wand herunter und stellte fest: Das Zimmer war so klein, dass ich vom Bett aus an dem heruntergeklappten Tisch sitzen und lernen konnte.

Das hatte ich meinen Eltern versprochen. Mein Schnitt in der zwölften Klasse war alles andere als gut gewesen und das Abitur am Ende des nächsten Schuljahres noch nicht ausgemacht. Vielleicht würde ich noch einmal große Ferien haben.

Wenn der Tisch heruntergeklappt war, kam ich nicht mehr an das Waschbecken heran. Ich packte die Bücher wieder in den Rucksack, klappte den Tisch hoch und ging hinunter zu meiner Tante.

Sie saß am Küchentisch und blätterte in ihrem Reservierungsbuch. Meine Tante hatte fünf Zimmer, die sie vermietete und die selten ausgebucht waren. Ihre Pension lebte im Frühling, Herbst und Winter von Monteuren und jetzt im Sommer von Radfahrern.

„Du kannst das Zimmer unterm Dach haben, solange wie du willst", erklärte sie mir mit einem sanften Lächeln, „das werde ich jetzt im Sommer sowieso nicht los." Und dann, als ich nichts sagte, fragte sie: „Wie lange wirst du denn bleiben?"

Ich zuckte mit den Schultern. „Mal sehen. Mama und Papa sind zwei Wochen weg, aber ich kann auch ein paar Tage allein zu Hause sein."

„Was hast du denn hier so vor?", fragte meine Tante.

„Ich muss was lernen", sagte ich mit einem Seufzer.

„Die ganze Zeit?", meine Tante schien überrascht. „Bei der Hitze? Wir haben hier ein tolles Waldbad. Und falls du dir etwas Geld verdienen willst, kannst du mir im Garten helfen."

Ich nickte. Geld konnte ich gut gebrauchen.

Die Zeit in der Pension meiner Tante tröpfelte träge, aber stetig dahin, Tag reiht sich an Tag und bald war ich eine Woche da, ohne dass sich etwas ereignet hätte. Die Schulbücher ruhten im Rucksack, von Zeit zu Zeit nahm ich sie heraus, blätterte sie durch und konnte mich nicht entscheiden, mit welchem Fach ich anfangen sollte. Dann stopfte ich sie wieder zurück, ohne ein allzu schlechtes Gewissen. Ich hatte noch fünf Wochen Zeit zum Üben. Anschließend schaute ich aus dem Dachfenster, überlegte ob ich einfach nach Hause fahren, den Computer in den Keller tragen und mit Jagged Alliance 2 weitermachen sollte. Dann fiel mein Blick auf den Brief für Anna. Jeden Tag, so hatte ich es mir vorgenommen, würde ich ihr einen schreiben. Am ersten Tag hatte ich begonnen:

Liebe Anna, wie geht's dir? Ist es in Italien auch so heiß wie hier?
Wahrscheinlich noch heißer. Hier kann man es eigentlich nur im
Freibad aushalten...
An dieser Stelle hatte ich an das Waldbad denken müssen, mir das
Fahrrad meiner Tante ausgeliehen und war dorthin gefahren. Und
seitdem jeden Tag wieder. Ich verbrachte fast meine ganze Zeit dort,
sonnte, badete, aß Cornetto-Eis und döste vor mich hin. Irgendwie
erschien das vollkommen auszureichen, um einen Tag auszufüllen.
Morgens half ich meiner Tante das Frühstück für die Gäste zuzube-
reiten, obwohl ich mir sicher war, dass sie das auch gut allein
konnte. Am ersten Morgen stand ich ihr in der Küche nur im Weg,
aber inzwischen hatte ich meine Aufgaben: Kaffee brühen und Eier
kochen, und am Freitag gestand mir meine Tante, dass ich beides
viel besser, vor allem präziser, als sie beherrschte.
Abends, wenn ich aus dem Waldbad zurückkam, arbeitete ich im
Garten. Der eigentliche Garten lag auf der Rückseite des Hauses,
war riesig und von einer alten Ziegelmauer umgeben. Im hinteren
Teil befand sich ein Teich, über den sich eine große Weide neigte
und der voller Seerosen und Entengrütze war. Eine flache Wiese
führte zu ihm hinunter, die ich mit einem klapprigen Benzinmäher
versuchte in einen Rasen zurückzuverwandeln. Um die Wiese er-
streckten sich große Beete voller Rhododendren, Hortensien und
Prachtspieren und voller Brennnesseln, Löwenzahn und Giersch,
den ich schubkarrenweise ausriss und auf den Misthaufen brachte.
Nicht weit von dem Teich entfernt, stand hinter einer Reihe Linden,
durch hohe Büsche versteckt, ein alter Schuppen mit Gartengeräten
und Brennholz, das ich sägte, spaltete und stapelte.
Ich klagte bei meiner Tante über die anstrengende Arbeit, um eine
zusätzliche Belohnung, eine Cola, ein Eis oder eine Flasche Bier
zu bekommen. Dabei machte mir diese Arbeit Spaß.
Ich kämpfte gegen den Muskelkater, gegen den Durst, die Erschöp-
fung und vergaß die Schule, vergaß die Bücher im Rucksack, vergaß
meinen angefangenen Brief, vergaß Anna.

Es war am Sonnabend. Die Hitze hatte sich noch einmal gesteigert und ich bereitete einen großen Stapel Brennholz für den kommenden Winter vor. Mein schweißnasses T-Shirt zog ich aus und warf es über meine Schulter, den Rest meiner Wasserflasche leerte ich über meinem Kopf aus, meine Hose starrte vor Schmutz. So kehrte ich aus dem Garten zum Haus zurück. Auf der großen Terrasse saßen einige Pensionsgäste und genossen die Abendsonne. Ein älteres Ehepaar blätterte auf der Bank vor der Hauswand in der Zeitung, eine Gruppe weißhaariger Männer spielte Karten und trank Bier am großen runden Tisch. Jetzt hatten sie ihr Spiel unterbrochen und unterhielten sich mit meiner Tante, die am Tisch stand, vor sich einen Korb mit Möhren und Gurken aus dem Gemüsegarten. Im großen Strandkorb saß eine junge Frau und las ein dickes Taschenbuch mit einem bunten Cover. Ich sah die Frau, schaute weg und gleich wieder hin. Sie war fünf, sechs Jahre älter als ich, trug einen langen Rock, der jetzt über ihre Knie gerutscht war, so dass man ihre nackten Füße und ihre gebräunten Waden sehen konnte. Ihr Gesicht, konzentriert auf die Seiten gerichtet, war wunderschön. Ihr schwarzes Haar war zu einem Pferdeschwanz zurückgebunden. Plötzlich ließ sie das Buch sinken, griff zu einem Glas Saft, das neben ihr im Standkorb stand, schaute mich an, lächelte kurz, trank einen Schluck und vertiefte sich dann wieder in ihr Buch.

Rasch stieg ich zu meinem Zimmer auf, suchte frische Sachen aus dem Rucksack und ging wieder runter ins Bad. Ich duschte und zog mich um. Dann stand ich unschlüssig im Treppenhaus, holte mir eine Flasche Wasser und setzte mich damit zu den anderen Gästen auf die Terrasse.

Meine Tante hatte sich inzwischen aus dem Gespräch mit den Kartenspielern losgerissen und schnippelte an ihren Kräuterbeeten. Als sie mich sah, kam sie zu mir.

„Ich mach uns gleich Abendessen", sagte sie, „Kannst du mir helfen? Ich brauche noch Kartoffeln und ein paar Zwiebeln."

Ich nickte, meine Tante verschwand im Haus. Ich blieb auf meinem

Stuhl sitzen, trank ab und zu einen Schluck und tat so, als schaute ich mir den Garten an. In Wahrheit zog es meinen Blick immer wieder zu der Frau im Strandkorb, die meine Rückkehr gar nicht bemerkt zu haben schien und weiterhin las, ohne aufzublicken. Meine Wasserflasche war leer. Ich stellte sie neben den Stuhl, nahm einen alten Drahtkorb, holte Kartoffeln aus dem Schuppen, machte Zwiebeln aus und schnitt mit einem schartigen Gartenmesser das Grün ab. Während ich zwischen dem Gemüse hockte, schaute ich wieder zur Terrasse. Die Frau hatte ihr Buch nach unten sinken lassen und beobachtete mich bei der Arbeit. Ich erstarrte in der Bewegung. Schnell hob sie das Buch wieder vors Gesicht. Ich stand auf, kehrte die Erdkrumen von meiner Hose, nahm den Korb und brachte ihn zu meiner Tante in die Küche.

„Danke, stell da ab." Sie drehte sich nicht einmal zu mir um, rührte weiter in einem Topf und drehte das Gas aus.

„Deckst du uns beiden den Tisch? Flache Teller, zwei Untersetzer!"

„Jep", ich suchte aus dem Schrank Geschirr und Besteck zusammen. Meine Tante und ich waren zu einem guten Team zusammengewachsen. Trotz der Enge in der Küche bewegten wir uns umeinander, öffneten Schranktüren und Schubladen, ohne uns zu berühren.

Nach dem Abendessen kehrten wir in den Garten zurück. Noch immer kein Lufthauch, aber die Sonne war hinter dem Wäldchen untergetaucht. Die Kartenspieler waren verschwunden, das ältere Ehepaar wanderte durch den Garten, kam vom kleinen Teich hoch und blieb an den großen Kräuterbeeten, (in denen ständig Unkraut aufkam), stehen. Meine Tante ging zu ihnen und wusste zu jeder Pflanze etwas zu erzählen. Die Frau im Strandkorb hatte ihr Glas aufgefüllt, sich eine Tüte mit Bretzeln geholt und wieder zum Lesen hingesetzt. Ich holte mir mein Powerplay-Magazin aus dem Haus, setzte mich ans andere Ende der Terrasse, so dass ich weit von ihr entfernt saß, sie jedoch gut im Blick hatte. Ich versuchte zu lesen, konnte mich aber nicht konzentrieren. Wort reihte sich an Wort, fügte sich aber nicht zu Sätzen zusammen. Ich blätterte vor und zurück, schaute mir die Bilder an. Meine Tante und das ältere Ehepaar gingen gemeinsam ins Haus. Mir fiel ein, dass ich den Schuppen noch nicht abgeschlossen und das Werkzeug weggepackt hatte. Ich legte die Zeitschrift beiseite, lief in den hinteren Teil des Gartens und räumte auf.

Ich hatte gerade das Schloss am Geräteschuppen zugedrückt, da hörte ich hinter mir ein Rascheln. Ich drehte mich um. Die Frau aus dem Strandkorb stand in dem schmalen Durchgang zum hinteren Teil, unter den blühenden Sommerlinden, schaute sich neugierig um und lächelte mir zu.

„Hallo", sagte ich, „was machen Sie hier. Ich bin..."

Noch ehe ich den Satz zu Ende gebracht hatte, war sie bei mir und legte mir ihren Finger auf den Mund. Ihr Finger war angenehm kühl, als er meine Lippen berührte.

Ich hörte das Rascheln ihres Kleides. Sie war so nah, dass ich ihre Wärme spüren konnte, ohne dass sie mich berührte. Meine Bewegungen erstarrten, mein Blick suchte ihr Gesicht, ihre Augen. Zwischen meinen Beinen spürte ich, wie mein Penis größer wurde.

Die Frau nahm den Finger von meinem Mund, ließ ihre Hand in meinen Nacken wandern und zog meinen Kopf sanft zu ihrem Gesicht heran. Ich schloss die Augen, spürte ihre Lippen auf meinen, die Spitze ihrer Zunge schob sich sanft in meinen Mund. Ich legte meine Hände um ihren Rücken, vorsichtig, tastend, als könnte ich sie zerdrücken. Dann fester, zog ich sie an mich heran. Spürte unter ihrem Kleid die Knochen ihrer Schulterblätter, ihre zarte Taille, ihren Po. Ihre Hände schoben mein T-Shirt hoch, glitten über meinen Rücken. Ich löste unsere Umarmung, ließ mich von ihr ausziehen. ‚Meine Tante', schoss es mir durch den Kopf. Ich riss die Augen auf, schaute mich um. Der Garten lag still und friedlich da: Die Ramblerrose war in voller Blüte, ebenso die Lobelien. Vom Haus oder der Terrasse konnte man nicht hierher in den hinteren Teil schauen. Trotzdem löste ich die Umarmung, nahm ihre Hand und führte sie hinter die Hütte zum Holzhackplatz. Das warme Licht des Abends fiel auf die dichten Brombeersträucher, kleine Fliegen sirrten durch die Luft, ich spürte wie eine Schnake mein Bein hoch krabbelte. Die Hände der Frau streichelten meine Brust, sie legte ihr Gesicht dagegen, saugte mit den Lippen an meinen Brustwarzen. Ich versuchte ihr Kleid auszuziehen, aber geschickt wich sie aus, gab mir einen kräftigen Stoß, ich taumelte zurück, fing mich ab und ließ mich dann auf den Boden zwischen vertrocknetes Gras und Sägespänne fallen.

Sie stand über mir, zog mit einer raschen Bewegung ihr Kleid über den Kopf und ließ es hinter sich fallen, öffnete ihre Haare und schüttelte sie mit einer kurzen Bewegung in den Nacken. Dann kniete sie sich zu mir herunter, öffnete meine Hose und zog sie mir samt Unterhose bis zu den Kniekehlen hinunter. Sie kniete sich neben mich, streichelte über meine Brust, meinen Bauch und ließ dann ihren Mund über meinen Penis gleiten. Ich schloss die Augen, lehnte mich zurück, spürte wie sich mein Unterleib im Rhythmus ihres Saugens bewegte.

Sie hörte auf, ich öffnete die Augen, beugte mich zu ihr vor, umarmte sie, versuchte ihren BH zu öffnen, wusste aber nicht wie. Sie half mir, warf ihn zur Seite. Ich streichelte ihre nackten Brüste, vergrub mein Gesicht in ihnen, während ich versuchte ihren Slip auszuziehen. Sie nahm meine Hand fort. Drückte mich zurück auf den Boden. Dann war sie über mir, ihr Busen ganz dicht vor meinem Gesicht. Ich spürte, wie sie meinen Penis in sich einführte, ihn mit ihrer Vagina umschlang, spürte ihre gleitenden, fordernden Bewegungen.

Ich schloss die Augen. Die Zeit schien zu Ende, alle Zeit. Sonst waren meine Gedanken stets ein wenig in der Zukunft: Was würde ich gleich machen, heute Abend, morgen? Oder sie waren in der Vergangenheit. In diesem Moment aber waren sie ganz und gar bei mir. Es gab keine Zukunft mehr, keine Vergangenheit, nichts war passiert, nichts würde passieren. Es gab nur diesen Moment, dieses fordernde Stoßen, die Lust, weiter und immer weiter. Es gab nur unser schweres Atmen, sie, mich.

Ich hörte, wie sie ihre hellen, kurzen Schreie unterdrückte, es klang fern und nah zu gleich, ich presste meine Lippen zusammen, und hörte doch mein Stöhnen. Ich spürte, wie ich mich in sie ergoss, weiter und immer weiter.

Ich lehnte mich zurück, die Bewegungen wurden schwächer, ließen nach. Ich spürte etwas Klebriges zwischen den Beinen. Ihr warmer, verschwitzter Körper legte sich auf mir ab. Ich wunderte mich, wie schwer er wirkte, obwohl sie so zart war.

Ich schlang meine Hände um sie, hatte das Gefühl, mich an ihr festhalten zu müssen, gleich einem Ertrinkenden, der sich an ein Stück Treibgut klammerte.

Mit einem lauten Gläserklirren kehrte die Zeit zu uns zurück.

Ich schreckte hoch. Die Frau rutschte seitlich in das vertrocknete Gras und die Sägespäne. Ich lief um die Hütte, spähte durch das Gebüsch. Inzwischen war es dämmrig geworden, die Sonne bereits untergegangen, doch das Licht reichte noch, um zu erkennen, dass meine Tante Gläser auf ein Tablett stellte und die Tische mit einem blauen Lappen abwischte. Immer wieder hielt sie dabei inne, schaute sich im Garten um, aber ich war mir unsicher, ob sie nur dem Vogelzwitschern lauschte oder ob sie mich suchte.

Ich drehte mich um. Die Frau, deren Namen ich noch immer nicht kannte, war inzwischen aufgestanden und zog sich an. Sie ging zu mir, nahm mein Gesicht in ihre beiden kühlen und trockenen Hände, führte es zu ihrem Gesicht und gab mir einen Kuss, lang und feucht. Dann legte sie wieder einen Finger auf meine Lippen, nahm ihr Buch, das noch in dem schmalen Durchgang zwischen dem vorderen und hinteren Teil des Gartens im Gras lag und ging langsam, hin und wieder an einem Beet stehen bleibend, um an einer Blumen zu riechen, zum Haus. Auf der Terrasse grüßte sie fröhlich meine Tante. Ich konnte nicht genau verstehen, was sie redeten, sah aber, wie die Frau das Buch hochhielt und auf den kleinen Weiher im hinteren Teil des Gartens deutete. Meine Tante öffnete ihr die Tür und folgte ihr mit dem Tablett voller Gläser ins Haus.

Ich legte mich, noch immer nackt, ins trockene Gras. Es juckte, kratzte und piekte. Ich blieb liegen und schaute in den Himmel. Es wurde dunkel, die Sterne wurden sichtbar. Noch immer kühlte es kaum ab.

Irgendwann in der Nacht zog ich mich an und schlich durch die Dunkelheit zum Haus zurück. Die Terrassentür war verschlossen, zum Glück aber nicht die Seitentür zum ehemaligen Stall. Ich schlüpfte ins Haus und stieg barfuß in meine Dachkammer hinauf. Ich hätte gerne noch geduscht, befürchtete aber, die anderen Gäste und besonders meine Tante zu wecken. So zog ich mich aus, wusch mich mit einem Waschlappen und zog eine Unterhose und ein T-Shirt an. Ich öffnete das schmale Dachfenster und legte mich ins Bett.

Ich fand noch immer keinen Schlaf, zu viele Gedanken wirbelten in meinem Kopf herum. Ich nahm einen Bogen Papier und schrieb einen Brief:

Geliebte, von Herzen geliebte, mir so nahe, unbekannte Frau. Wo bist du jetzt? Meine Sehnsucht zerrt an meinem Herzen, brennt heiß wie eine Flamme, fürchtet, verzagt und hofft doch…
Sieben Seiten füllte ich rasend schnell.

Irgendwann, früh am Morgen musste ich doch eingeschlafen sein. Der Kugelschreiber war ausgelaufen und hatte einen großen Fleck im Bettlaken hinterlassen. Weiter unten im Haus hörte ich Geschirrklappern und Stimmen.

Die Frau, meine Geliebte, meine… ich fand kein passendes Wort für sie, wie hieß sie? Schnell zog ich mich an, lief hinunter in die

Küche. Am liebsten hätte ich meine Tante gleich gefragt: „Wo ist sie? Wo ist die Frau? Ist sie schon aufgestanden?"

Aber das ging natürlich nicht. Meine Tante quittierte meine Ankunft mit einem kurzen: „Du bist heute spät dran. Die Eier habe ich schon gemacht, kannst du noch Kaffee kochen?"

Ich nickte, spähte in den Frühstücksraum. Mehrere Gäste nahmen bereits Platz, aber sie war nicht darunter. Ich beeilte mich mit dem Kaffee, servierte ihn persönlich. Überhaupt ließ ich mir viel Zeit für das Frühstück. Normalerweise aß ich schnell ein, zwei Schnitten und war verschwunden, bevor es an das Abräumen und Spülen ging. Doch heute half ich, bis schließlich um zehn die letzten Gäste gegangen waren. Sie war nicht aufgetaucht. Ich nahm all meinen Mut zusammen und fragte meine Tante, möglichst unverbindlich: „Das war's wohl, oder? Die Frau aus dem Strandkorb gestern, hat schon gefrühstückt, oder?"

„Strandkorb?", meine Tante schaute mich fragend an. „Ach, du meinst Frau Schmidt!"

Ich nickte.

„Eine ganz reizendes Mädchen", sagte meine Tante, „sie hat sich so für meine Blumen interessiert. Und hat sogar zwei Lavendel-Öle gekauft. Leider ist sie schon in aller Herrgottsfrühe los. Ich glaube, sie musste nach Celle zu einem Seminar oder Kongress oder so. Hat schon gestern Abend alles bezahlt."

Ich war fassungslos. Das konnte, das durfte nicht sein. Sie konnte nicht einfach so verschwinden, ohne mir eine Nachricht zurückzulassen. Was war mit meinem Brief für sie?

Ich verließ die Küche, schlich zu dem kleinen Regal im Flur, an das ein Schild mit der Aufschrift „Rezeption" genagelt war und in dem das Gästebuch meiner Tante lag. Ich blätterte und fand tatsächlich den Eintrag: Frau. M. Schmidt stand dort. Die Adresse war unleserlich, ich konnte nur entziffern, dass die Postleitzahl mit 60 begann. Ich schloss das Buch. Ich musste nach Celle, so schnell wie möglich, das war meine einzige Chance sie wiederzusehen.

Ich holte den Brief aus dem Zimmer, mein Geld, die Schlüssel. Dann fuhr ich mit dem Fahrrad meiner Tante zum Bahnhof und mit dem Zug weiter nach Celle. Ich lief durch den Bahnhof, achtete auf Schilder für Kongresse, erkundigte mich bei der Bahnauskunft und bei der Touristeninformation: Ich solle es in der Residenz versuchen, dort waren die meisten Kongresse. Ich lief zur Residenz, ein Kilometer stand auf dem Wegweiser, aber entweder verlief ich mich oder die Angabe stimmte nicht. Klatschnass geschwitzt erreichte ich das Schloss, dass heute geschlossen war. Niemand konnte mir dort weiterhelfen. Schließlich schlich ich zurück in die Stadt und lief planlos herum.

Am späten Nachmittag nahm ich den Zug zurück nach Bienenbüttel, kam müde, durstig und erfolglos wieder bei meiner Tante an.

So lag ich abends auf dem Bett, las den Brief an Anna, den ich vor einer Woche geschrieben hatte und den Brief, den ich in dieser Nacht geschrieben hatte. Ich überlegte, den zweiten etwas anzupassen und an Anna zu schicken. Aber nein, das wäre falsch. Langsam riss ich beide Briefe in kleine Stücke. Ich fühlte mich todmüde, erschöpft und verwirrt. Ich dachte zurück an den gestrigen Abend im Garten. An den Moment, in dem es keine Zeit mehr gab, kein Morgen, kein Gestern, kein gleich, kein vorhin. Ich erinnerte mich daran und spürte kein Bedauern, ich spürte nur dieses schwebende Gefühl voller Glück. In der Erinnerung war es schwächer und farbloser, aber noch immer zu spüren, noch immer voller Glück.

Jeannine Fischer

Abwärts

Die Kühle des Fensterglases verhinderte, dass meine glühende Stirn, die ich dagegen presste, platzte. Aus meinem Hotelzimmer hatte ich einen großartigen Ausblick, doch meine Gedanken verbargen wie eine dichte Wolkendecke die Sicht. Vor einer Viertelstunde war ich in diesem Zimmer durch das Klingeln eines Telefons aufgewacht. Eine freundliche Frauenstimme hatte mir am Telefonhörer mitgeteilt, dass es 7:30 Uhr war und ich zu dieser Zeit geweckt werden wollte. Ich hatte aufgelegt, war mir mit der Hand über Haare und Gesicht gefahren und hatte versucht, mich zu orientieren. Bisher war es mir nicht gelungen.
Im Badezimmer betrachtete ich mich im Spiegel. Die braunen Augen, die lange Nase, die schmalen Lippen und die kurzen dunkelblonden Haare brachten meine Erinnerung nicht zurück. Auf dem Regal neben dem Spiegel stand Herrenkosmetik. Ich mochte das Duschgel. Es hatte einen frischen, herben Duft. Anders verhielt es sich mit dem Aftershave. Es enthielt Noten von Lavendel, Sandelholz und Rose. Im Kleiderschrank fand ich einen dunkelblauen und einen anthrazitfarbenen Anzug, farblich dazu abgestimmte Krawatten und weiße Hemden. Rechts im Fach lag die Unterwäsche – alles war in Weiß gehalten und sah neu aus. Unten im Schrank standen zwei Paar schwarze Lackschuhe. Auch sie sahen aus, als wären sie noch nie getragen worden. Ich zog den anthrazitfarbenen Anzug an. Er passte perfekt. Trotzdem fühlte ich mich unwohl darin. In der Innentasche des Sakkos fand ich eine Brieftasche. Ich zog den Ausweis heraus und entdeckte darin den Mann, den ich gerade im Badezimmerspiegel gesehen hatte. Sein Name war Michael Berg. Er war am 5. Mai 1965 in Berlin geboren worden und lebte dort. Ich

schloss die Augen, holte tief Luft und hielt sie für Sekunden an. Nichts. Ich konnte weder mit dem Namen noch mit dem Ort irgendetwas in Verbindung bringen.

Ich ging zu der Stahltür, hinter der ich den Ausgang meines Zimmers vermutete. Die Tür hatte keine Klinke. Links an der Wand entdeckte ich einen silberfarbenen quadratischen Knopf. Als ich ihn drückte, ruckte das Zimmer kurz, als hätte es sich aus einer Verankerung gelöst. Die Stahltür blieb geschlossen, aber nun fuhr das gesamte Zimmer in einer sturzflugartigen Geschwindigkeit abwärts. Ich krallte mich an der Wand fest. Schweiß rann mir über Stirn und Schläfen. Meine Finger wurden feucht und begannen zu zittern. Ich drückte unzählige Male auf den Knopf neben der Tür, aber es geschah nichts. Mit einem Mal verlangsamte sich die Fahrt. Das Zimmer kam zum Stehen und die Stahltür schob sich nach links auf. Ich war in der Empfangshalle des Hotels angekommen. Niemanden schien zu stören, dass mein Zimmer mein Fahrstuhl war. Als ich in die Halle hinaustrat, begrüßte mich der Portier mit meinem Nachnamen. Im Speisesaal, der sich rechts an den Empfang anschloss, suchte ich mir einen kleinen Tisch aus, der versteckt hinter einer großen Palme stand. Ein Kellner kam mit einer großen weißen Porzellankanne auf mich zu und goss Kaffee in die vor mir stehende Tasse. Er fragte mich, was ich speisen möchte.

„Ich nehme das Übliche", antwortete ich. Der Kellner nickte, verbeugte sich kurz und verschwand. Ich trank einen Schluck Kaffee und starrte auf meine Hände, die ich auf die Tischplatte gelegt hatte. Ich kannte sie ebenso wenig wie mich und meine Umgebung. Das Einzige, woran ich mich erinnerte, war mein Traum. Als ich heute Morgen aufgewacht war, hatte ich Tränen in den Augen. In meinem Traum hatte ich erfahren, dass eine gute Freundin, Natalja Orlow, eine erfolgreiche russische Balletttänzerin, aufgrund eines Treppensturzes nicht mehr tanzen konnte.

Der Kellner brachte mir ein Omelett mit Schinkenspeck und Pilzen. Ich starrte auf den riesigen Pfannkuchen. Deftiges am Morgen mochte ich nicht. Nach dem Essen hatte ich das dringende Bedürfnis, eine Zigarette zu rauchen. Im Sakko hatte ich eine Schachtel Marlboro Light entdeckt. Vor dem Hotel nahm ich den ersten tiefen Zug und sah mich um. Wie eine Mondlandschaft zeigte sich das Terrain vor dem Gebäude – keine Pflanzen, nur grauer Boden, der hin- und hergeschoben worden war. Ein Schotterweg stellte die Straße dar. Ich ging ein paar Schritte und lief dann ziellos durch die steppenähnliche Landschaft. Je weiter ich mich von dem Hotel entfernte, desto einsamer wurde es. Schweiß rann mir über Schläfen, Nacken und Rücken. Ich blieb stehen, zog mein Sakko aus, nahm die Krawatte ab und öffnete die obersten drei Knöpfe des Hemdes. Auf meinem Weg war mir niemand begegnet. In der Ferne konnte ich das Hotel sehen, dessen Gestalt zu der eines Spielzeugbaggers zusammengeschrumpft war. Ich sah nichts, wusste nichts und lief ins Nichts.

Zurück in der Empfangshalle des Hotels schritt ich auf die Stahltür des Zimmerlifts zu und betätigte den Knopf links an der Wand. Ein leichtes Rumpeln war zu vernehmen, dann öffnet sich die Tür. Es war tatsächlich mein Zimmer, das eingetroffen war. Über dem Stuhl lag der dunkelblaue Anzug, den ich heute Morgen dort zurückgelassen hatte. Ich betrat den Raum und eilte zum Bett. Die rasante Fahrt nach oben empfand ich deutlich erträglicher als die Abwärtsfahrt. Nachdem das Zimmer in einer oberen Etage eingerastet war, stand ich auf und ging in das Bad. Ich zog mich aus und duschte. Eingehüllt in einen Bademantel legte ich mich zurück auf das Bett und schloss die Augen.

Ich träumte von Natalja Orlow. Ich sah sie in einem Fotostudio. Sie posierte in einem Sessel, an den ihre Gehhilfen gelehnt waren. Es blitzte. Ein junger Fotograf machte Fotos von ihr. Ein Plakat mit der Aufschrift „Tanzschule Orlow" prangte hinter ihr.

Am nächsten Morgen beschloss ich, mich von einem Taxi in den nächstgelegenen Ort bringen zu lassen. Außerdem benötigte ich dringend neue Kleidung. Mit den vorhandenen Hemden und Anzügen kam ich nicht zurecht. Der Portier wies mich zum Ausgang, als ich ihn um ein Taxi bat. Es wartete bereits ein Wagen auf mich. Wie lange wir fuhren, habe ich nicht mehr in Erinnerung, der Heavy-Metal-Beat aus dem Radio lenkte mich ab. Zudem hatte der Taxifahrer seinen Fahrstil dem Rhythmus der Musik angepasst. Ich schloss die Augen, denn ich wollte nicht zusehen, wie wir ins Unglück rasten. Nach einiger Zeit verlangsamte das Taxi seine Fahrt und hielt an. Ich öffnete die Augen und sah einen großen Platz vor mir. Ich zahlte und stieg aus. Es war ein ruhiger, kleiner Ort. Das Rathaus, dem ich gegenüberstand, glich einem Einfamilienhaus. In einer Nebenstraße entdeckte ich eine Bäckerei und ein Gasthaus, eine Straße weiter ein Bekleidungsgeschäft. Als ich die Tür des Ladens öffnete, läuteten Glocken. Eine ältere Dame stand im Raum und begrüßte mich.

„Ich hätte gern ein paar T-Shirts, Pullover und eine Jeans", sagte ich. „Und haben Sie auch Turnschuhe in Größe 43?"

Die Frau nickte, musterte mich und ging zu einem Regal, in dem verschiedene Kleidungsstücke ordentlich übereinander sortiert lagen. Sie sah die Größen durch und zog T-Shirts, einen Pullover und eine Hose heraus. Ich probierte die Sachen in einer Kabine. Endlich fühlte ich mich wohl – selbst in den schneeweißen Turnschuhen, die die Verkäuferin mir brachte. Die Schuhe, eine blaue Jeans und einen grauen Pullover behielt ich an. Die restlichen Sachen ließ ich mir einpacken.

Zwei Häuser weiter entdeckte ich ein Fotogeschäft. Ich sah mir die Dekoration im Schaufenster an. Sie wirkte antiquiert. Wie mochte es im Laden aussehen?, fragte ich mich. Ein schrilles Klingeln ertönte, als ich das Geschäft betrat. Meine Vermutung bestätigte sich: Das Mobiliar stammte aus den 1950er Jahren, war aber in einem guten Zustand. Ein älterer Herr mit grauen Haaren, Brille, einem beigefarbenen Hemd und einer braunen Cordhose kam hinter einem schwarzen Samtvorhang hervor.

„Guten Tag", sagte ich. „Erstellen Sie auch Fotos?"

Der Mann nickte und schob den Vorhang ein Stück zur Seite. Vor mir zeigte sich das Fotostudio aus meinem Traum. Zeitlos, klar, geradlinig, in kubischer Form wie ein Zimmer eines Bauhausbaus.

„Kennen Sie Natalja Orlow?", fragte ich. „Sie hat hier unlängst Fotos erstellen lassen."

Der Mann ließ den Blick durch das Schaufenster schweifen:

„Ich habe sie fotografiert", sagte er. „Allerdings liegt das bereits über 20 Jahre zurück."

„Über 20 Jahre?", wiederholte ich.

„Ja", sagte der Mann. „Frau Orlow hatte damals große Pläne. Doch bevor sie diese umsetzen konnte, wurde sie tot in ihrem Hotelzimmer aufgefunden."

„In ihrem Hotelzimmer?", fragte ich.

„Es war das Hotel, das vor den Toren unserer Stadt liegt", berichtete der Mann. „Damals sah es noch völlig anders aus als heute – man hat es quasi in eine neue Hülle gesteckt."

Die Gedanken schwirrten durch meinen Kopf wie Puzzleteile, die nicht zusammenpassten. Als ich auf die Straße trat, vernahm ich verzerrte Gitarrenklänge und Gekreische in großer Lautstärke. Ich ging dem Lärm nach und entdeckte in einer Nebenstraße das Taxi, das mich hierher gebracht hatte. Ich stieg ein, der Taxifahrer fuhr los.

Das Personal hatte gewechselt, als ich das Hotel betrat. Am Empfang stand ein älterer Herr, der mich mit meinem Namen begrüßte.

„Kennen Sie eine Natalja Orlow?", fragte ich ihn.

„Natürlich kenne ich sie. Ich war damals im Dienst, als es passierte."

Ich bemerkte, wie er es vermied, mir in die Augen zu schauen.

„Wissen Sie denn etwas Genaueres über die Umstände ihres Todes?"

Der Mann schüttelte den Kopf.

„Es wurde alles sehr geheim gehalten." Dann blickte er mich an: „Was mich wundert ist, dass Sie mir diese Fragen stellen. Sie haben doch damals alles nach Frau Orlows Tod diskret abgewickelt."

„Ich?"

Der Mann nickte. „An ihrer Narbe am Kinn habe ich Sie erkannt."
Ich fasste an mein Kinn und ertastete eine feine waagerechte Linie.
Ich versuchte im Fensterglas zu sehen, was es war. Schemenhaft
zeichnete sich ein Wundmal ab.

„Aber das kann doch nicht sein!", rief ich. „Ich habe keine Narbe
am Kinn!"

Mein Zimmerfahrstuhl sauste mit mir in die Höhen des Stahlkon-
strukts, während ich auf dem Bett lag und die Augen geschlossen
hielt. Die Ereignisse des Tages ließen mich nicht zur Ruhe kommen.
Nachdem sich mein Zimmer in einem oberen Stockwerk verankert
hatte, stand ich auf und zog die Vorhänge zu. Auf dem Weg zurück
zum Bett vernahm ich ein Lachen. Es war Natalja Orlows Lachen.
Ich versuchte, mich in meinem Zimmer zu orientieren. Ich hatte
den Eindruck, nicht mehr im gleichen Raum zu sein. Die Luft war
abgestanden und roch nach Alkohol. Ich tastete an der Wand nach
einem Lichtschalter, fand aber keinen. Schemenhaft nahm ich die
Umrisse eines Nierentisches wahr. Flaschen und Gläser stapelten
sich darauf.

„Hallo?", rief ich. Niemand meldete sich. Sekunden später vernahm
ich das Klingeln eines Telefons. Es kam aus meiner Nähe, aber ich
konnte das Gerät nicht entdecken. Das Telefon verstummte. Ich
wischte mir den Schweiß von der Stirn. Das Telefon begann von
neuem zu klingeln. Ich schloss die Augen und folgte meinem
Gehör. Das Gerät musste auf dem Boden stehen. Kniend tastete ich
nach ihm. Ich spürte ein Kabel unter meinen Händen, hielt es fest
und zog vorsichtig daran. Als ich das Gerät gefunden hatte, ver-
stummte es. Sekunden später begann das Telefon, erneut zu klin-
geln. Ich nahm den Hörer ab und lauschte in die Muschel. Stille.
Im nächsten Augenblick löste sich das Zimmer aus einer Veranke-
rung und raste mit unkontrollierter Geschwindigkeit in die Tiefe.
Ich schloss die Augen und wünschte, dass dieses Rasen aufhörte

und ich am Boden des Fahrstuhls zerschellte. Die Fahrt wurde abgebremst. Das Zimmer kam zum Stehen.

Ich hörte ein Fingerschnippen dicht an meinem Ohr und dann eine vertraute Stimme: „Herr Berg, bitte kommen Sie nun ganz langsam zurück!"
Ich öffnete die Augen. Ich befand mich in einem Raum, der in warmes, weiches Licht getaucht war und in dem Stille herrschte. Ich lag auf einer Liege. Auf einem Stuhl mir gegenüber saß eine Frau mit langem lockigem Haar. „Dr. Cordula Meinhardt" las ich vom Namensschild ab, das an ihrer Bluse befestigt war. Die blauen Augen der Frau durchleuchteten mich wie Röntgenstrahlen.
„Wie geht es Ihnen, Herr Berg?"
Ich setzte mich auf. Dabei fiel mein Blick auf die weißen Gitterstäbe vor den Fenstern.
„Konnte die Rückführung Ihre Erinnerung an den Mord von Frau Orlow zurückbringen?", fragte die Frau.
Ich sah auf den Boden.
„Solch eine Hypnose kann eine echte Auf- und Abwärtsfahrt sein."

Frauke Witte

Verschwunden

Sie ist weg, einfach verschwunden. Ich habe sie schon überall gesucht. Erst die Stellen, an denen sie sich oft aufhielt, wo man sie am ehesten vermutet. Dann habe ich größere Kreise gezogen, wurde immer hektischer, atmete schneller, rannte die Treppe hoch und wieder runter, riss die Tür auf und lief in den Garten, schaute in jeder Ecke nach, nichts.

Damals als Tom ging, da habe ich sie von ihm übernommen. Er wollte sie nicht mitnehmen und ließ sie zurück. Damit war sie mein, basta. Begehrt habe ich sie schon viel früher, dieses heiße kleine Ding. Sie hat sich gut angefühlt, war anmutiger als alle anderen, ein Prachtstück mit Charakter. Oft habe ich meine Lippen an sie geschmiegt, erst heimlich, wenn wir allein zu Hause waren. Dann war sie täglich für mich da. Bot mir den Morgenkaffee an. Mit Flüssigkeiten konnte sie richtig gut, sie war sich für nichts zu schade und ich nahm sie überall und immer wieder. Wenn es hart herging auch mal mit einem Schluck Whisky, bis gestern. Nun ist sie weg. Sie tuscheln schon im Schrank. Ich werde mir eine neue Tasse aussuchen.

Marc Herrmann

Das verschwundene Hier und Jetzt

Die Sonne geht unter. Es scheint, als wenn sie in den Wellen der Ostsee verschwindet. Vom Meer her weht ein sanfter Wind, der mein Gesicht streichelt. Aus einem Strandkorb heraus schaue ich hinüber zu der Seebrücke, wo sich grau-weiße Vögel tummeln. Sie jauchzen und picken mit ihren gelblichen Schnäbeln Müll und Essensreste auf, die von den Touristen tagsüber fallengelassen wurden. Wenn ich doch bloß auf den Namen dieser Vögel kommen würde. Menschen hingegen sehe ich keine.

Meine Finger zittern ein wenig, während sie eine Seite im Buch mit den Fotos umblättern, das in meinem Schoss liegt. Ich betrachte die zittrigen Finger mit den zahlreichen Pigmentflecken auf ihnen. Mein Blick wandert zurück zu den Fotos in dem Buch. Je länger ich sie betrachte, umso mehr verschwimmen sie. Um wieder schärfer sehen zu können, kneife ich meine Augen zusammen und öffne sie erst wieder, als ich freudiges Lachen höre. Nicht weit vom Strandkorb entfernt, sehe ich eine kleine Gruppe von Jugendlichen. Mädchen und Jungen, die sich um ein Lagerfeuer versammelt haben. Eine Weinflasche wird herumgereicht. Ein Junge spielt auf einer Gitarre. Es wird geredet, gesungen und gelacht.

„Paul, gib mir mein Oberteil zurück, du Ferkel!"

Ein junger Mann, bekleidet nur mit einer Badehose, rennt in Richtung Wasser, er streckt seinen rechten Arm in die Luft, in der Hand hält er wie eine Trophäe ein Bikinioberteil. Eine junge Frau folgt ihm. Mit ihrem rechten Arm bedeckt sie ihre Brüste, während sie den linken Arm nach vorne streckt und versucht, den davoneilenden Mann zu fassen. Doch er ist zu weit weg. Er läuft immer tiefer in das Wasser hinein, verliert aber gegen den Widerstand des Wassers an Tempo. Er läuft weiter und hält seine Beute über den Kopf in die Luft gestreckt. Tapferer Krieger. Seinen Vorsprung aber hat er nun verloren. Die junge Frau steht jetzt direkt hinter ihm und reißt den Bikini aus seinen Händen. Er ergreift ihre Arme und zieht sie nah an sicher heran. Sie kreischt und lacht. Er beginnt sie zu küssen. Doch sie drückt ihn von sich weg, springt auf und läuft lachend davon.

„Martha!"

Ein weiteres, langgezogenes Martha reißt mich aus meiner Gedankenwelt. Vor mir steht ein alter Mann, sein recht langes Haar ist grau und völlig zerzaust. Sein hagerer Körper steckt in einem hellblauen Sommeranzug, an den Füßen trägt er dunkelbraune Mokassins.

„Martha. Wo warst du? Seit zwei Stunden suche ich dich überall."

„Wer sind Sie?", frage ich den Mann. Ich weiß nicht, wer er ist, doch er wirkt vertraut auf mich.

„Ich bin es Paul, dein Ehemann", höre ich ihn sagen und dennoch erscheint es mir unwirklich.

„Wer sind Sie?"

„Paul. Dein Ehemann."

Er macht mir Angst.

„Gehen Sie, sonst schreie ich!"

Ich kann mich nicht erinnern, dass ich verheiratet wäre. Ich kann mich nicht erinnern, ob ich alleine lebe, ob ich Kinder habe und ich kann mich nicht erinnern, wie ich an diesen Strand und in diesen Strandkorb gekommen bin.

„Hilfe, hiiillffe. Ist hier jemand? Ich werde belästigt. Gehen Sie endlich!"

„Okay. Okay. Ich werde gehen. Aber zunächst möchte ich, dass du dir noch etwas ansiehst", entgegnet der fremde Mann mit ruhiger Stimme.

„Öffne das Medaillon, das sich an der Kette um deinen Hals befindet!", fordert er mich auf.

Ich habe Mühe, das Medaillon zu öffnen. Meine Finger wollen nicht mehr, so wie ich es will. Nach einigen Versuchen klappt es dann doch. Auf der einen Seite des Medaillons befindet sich ein Schwarz-Weiß-Foto. Auf dem Foto sehe ich ein junges Paar. Er trägt einen schwarzen Frack, auf dem Kopf einen Zylinder, unter dem lange, blonde Haare hervorlugen. Die junge Frau trägt ein Kleid, das ein Hochzeitskleid zu sein scheint. Es könnte aber auch ein wunderschönes Sommerkleid sein. Dazu trägt sie ein Blumenstirnband. Die beiden wirken glücklich auf mich.
In der anderen Hälfte des Medaillons steht ein Text:

Martha Thieß
Schützenstr. 10a
23743 Grömitz
Alzheimer
Im Notfall verständigen:
Paul Thieß
015162465113

Frauke Witte

Schwein gehabt?

Eines Tages gehe ich in mir spazieren,
bleibe stehen, stutze, wie konnte das passieren?
Ich finde dort ein Warzenschwein.
Müsste hier nicht meine Aura sein?
Und sollte dort mein Herz nicht schlagen?
Verschwunden oder versteckt sich hinterm Magen?
Der Rest ist leer, genau geschaut.
Mein Ich ist weg, doch nicht geklaut?
Erschrecke mich, als Hülle nur zu existieren.

Das Schwein, wo kam es her, wo will es hin?
Ich will es nicht mehr in mir drin.
Denke nach, warum ich es nicht kommen sah
und wann dieser Einzug wohl geschah.
Wer hat das Schwein hereingelassen?
Man muss noch viel besser aufpassen,
auf sich selbst achten und nicht nur auf den Schein.
Denn nicht alles, was grunzt, muss ein Glücksschwein sein.
Ausmisten macht jetzt Sinn.

Impressum:
© 2020 Hrsg: Fischer, Anke
Texte: Autorenkollektiv *freitags*
Layout und Umschlag: anke-fischer.de
Titelbild: pixabay.com
Herstellung und Verlag:
BoD – Books on Demand, Norderstedt

ISBN: 9783752671773